公路养护工程师学习丛书

公路隧道土建结构养护
Civil Structure Maintenance of Highway Tunnel

秦 峰 程崇国 编著

人民交通出版社股份有限公司
China Communications Press Co.,Ltd.

内 容 提 要

本书系统介绍了公路隧道土建结构养护相关知识。全书共8章,主要包括公路隧道基本知识,土建结构常见病害及质量缺陷,土建结构清洁维护、结构检查、保养维修相关内容及常见病害处治方法,公路隧道养护相关法律法规、技术规范简介。

本书涵盖了公路隧道土建结构养护所需了解的主要知识,图文并茂,实用性强,适用于从事公路隧道土建养护工作的技术及管理人员阅读使用,同时可供高等院校公路隧道养护相关专业师生学习参考。

图书在版编目(CIP)数据

公路隧道土建结构养护 / 秦峰, 程崇国编著. — 北京：人民交通出版社股份有限公司, 2019.7
ISBN 978-7-114-15571-0

Ⅰ. ①公… Ⅱ. ①秦… ②程… Ⅲ. ①公路隧道—土木工程 Ⅳ. ①U459.2

中国版本图书馆 CIP 数据核字(2019)第 101717 号

公路养护工程师学习丛书

书　　名：	公路隧道土建结构养护
著 作 者：	秦　峰　程崇国
责任编辑：	黎小东
责任校对：	张　贺
责任印制：	刘高彤
出版发行：	人民交通出版社股份有限公司
地　　址：	(100011)北京市朝阳区安定门外外馆斜街3号
网　　址：	http://www.ccpress.com.cn
销售电话：	(010)59757973
总 经 销：	人民交通出版社股份有限公司发行部
经　　销：	各地新华书店
印　　刷：	北京市密东印刷有限公司
开　　本：	787×980　1/16
印　　张：	11.75
字　　数：	165千
版　　次：	2019年7月　第1版
印　　次：	2024年1月　第2次印刷
书　　号：	ISBN 978-7-114-15571-0
定　　价：	60.00元

(有印刷、装订质量问题的图书,由本公司负责调换)

前　　言

我国是一个多山的国家,众多的山脉阻隔了人们的出行。近30年来,随着公路网向崇山峻岭延伸,公路隧道穿山而行,极大地改善了交通条件。截至2018年底,我国已建成的公路隧道17738处17236.1km,其中特长隧道1058处4706.6km,长隧道4315处7421.8km。我国已成为名副其实的公路隧道大国。

公路隧道在运营过程中,土建结构会因各种原因产生病害,机电设施也会出现老化、缺失、损坏等。这些问题的存在,将影响隧道的通行能力,降低隧道的服务水平,甚至危及驾乘人员的通行安全。为保持隧道良好的运营环境,更好地为公众提供安全便捷的出行服务,对隧道养护提出了更高的要求。

本书结合目前我国隧道养护现状,介绍了公路隧道的相关基础知识,土建结构常见病害及质量缺陷,公路隧道清洁维护、结构检查、保养维修及隧道病害处治的基本方法,摘录了公路隧道相关法律法规条款,以方便隧道(土建)养护管理人员学习参考。全书文字简洁,图文并茂,通俗易懂,针对性强,具有较强的实用性,希望能对隧道养护工作者有所帮助。

本书由招商局重庆交通科研设计院有限公司秦峰、程崇国编著。其中,第1、2、3、7章主要由程崇国编写,第4、5、6、8章主要由秦峰编写;全书由秦峰统稿。

本书的出版得到了招商局重庆交通科研设计院有限公司、招商局重庆公路工程检测中心有限公司资助,编著过程中得到了黄伦海、秦之富、王芳其、胡学兵、赵文轲、张银金、王星星、刘文斌等同志的帮助和指导,在此表示感谢!

限于作者水平,书中不当之处在所难免,敬请读者不吝赐教。

作　者
2019年6月

目 录

第1章 公路隧道基本知识 ·············· 1
 1.1 基本概念 ····················· 1
 1.2 分类 ······················· 2
 1.3 平、纵线形 ··················· 11
 1.4 横断面 ····················· 11
 1.5 紧急停车带 ··················· 17
 1.6 紧急停车带、横通道的布置方式 ········· 19
 1.7 洞口、洞门 ··················· 21
 1.8 土建结构 ···················· 25
 1.9 防排水 ····················· 29
 1.10 辅助通道 ···················· 32
 1.11 路基路面 ···················· 35
 1.12 隧道围岩 ···················· 36

第2章 土建结构常见病害 ·············· 40
 2.1 洞口边、仰坡坍塌、碎落 ············ 40
 2.2 洞门病害 ···················· 41
 2.3 衬砌开裂 ···················· 41
 2.4 衬砌破损 ···················· 45
 2.5 衬砌渗漏水 ··················· 48
 2.6 结冰 ······················ 50
 2.7 路面渗水、积水 ················· 51
 2.8 路面破损 ···················· 52
 2.9 电缆沟变形、破损 ················ 54

2.10 路侧边沟破损 …………………………………………… 55

2.11 内装饰破损 ……………………………………………… 55

2.12 病害产生的原因 ………………………………………… 57

第3章 土建结构常见质量缺陷 ………………………………… 58

3.1 开挖 ……………………………………………………… 58

3.2 初期支护 ………………………………………………… 59

3.3 模筑混凝土衬砌(二次衬砌) …………………………… 62

3.4 仰拱衬砌 ………………………………………………… 67

3.5 底板 ……………………………………………………… 69

3.6 防排水 …………………………………………………… 69

第4章 土建结构养护 ……………………………………………… 74

4.1 土建结构养护工作的内容 ……………………………… 75

4.2 日常巡查 ………………………………………………… 75

4.3 清洁 ……………………………………………………… 76

第5章 土建结构检查 ……………………………………………… 86

5.1 检查分类 ………………………………………………… 86

5.2 检查频率 ………………………………………………… 87

5.3 检查方法 ………………………………………………… 88

第6章 土建结构保养维修 ……………………………………… 103

6.1 保养维修 ………………………………………………… 103

6.2 预防性养护 ……………………………………………… 117

第7章 常见病害处治 ……………………………………………… 121

7.1 围岩加固 ………………………………………………… 121

7.2 衬砌结构加固 …………………………………………… 125

7.3 裂缝处治 ………………………………………………… 134

7.4 渗漏水处治 ……………………………………………… 139

7.5 隧底更换与加固 ………………………………………… 143

第8章　公路隧道养护相关法律法规、技术规范简介……………… 146
　8.1　《中华人民共和国公路法》……………………………………… 146
　8.2　《中华人民共和国安全生产法》………………………………… 148
　8.3　《公路安全保护条例》…………………………………………… 149
　8.4　《公路养护技术规范》…………………………………………… 151
　8.5　《公路养护安全作业规程》……………………………………… 151
附录一　隧道(土建)养护工程师职责 ………………………………… 154
附录二　隧道日常巡查记录格式 ……………………………………… 156
附录三　隧道清洁记录格式 …………………………………………… 157
附录四　隧道经常检查记录格式 ……………………………………… 158
附录五　隧道经常检查报告样式 ……………………………………… 168
附录六　隧道土建结构技术状况评定标准 …………………………… 169
附录七　隧道衬砌病害展布图示例 …………………………………… 173
附录八　隧道定期检查报告样式 ……………………………………… 174
附录九　技术档案清单 ………………………………………………… 176
附录十　交通事故信息记录表 ………………………………………… 178
参考文献 ………………………………………………………………… 180

第1章　公路隧道基本知识

1.1　基本概念

1.1.1　公路隧道定义

公路隧道是指供汽车、非机动车和行人通行的地下通道，一般分为汽车专用隧道和汽车、非机动车与行人共同通行的隧道。

1.1.2　修建公路隧道的目的

修建公路隧道的目的有：克服山体、河流、建筑物及市政设施等障碍，缩短行车里程、提高交通便捷性、改善行车条件；利用地下空间、节省建设用地、减少生态破坏、保护自然环境；避免公路高边坡，防止碎落、崩塌、滑坡、泥石流、冰雪危害等，保证道路通行安全。

1.1.3　公路隧道的基本组成

公路隧道包括洞身和洞门，隧道洞身一般埋于地下，置于地层包围之中。根据隧道所在道路等级和长度的不同，一些隧道内还设有人行横通道、车行横通道、紧急停车带、风道、斜井或竖井、地下风机房、平行通道、避难洞室等辅助洞室。高速公路、一级公路隧道一般是双洞布置，单向行车，也有半幅路基、半幅隧道布置方式；二级及二级以下公路的隧道通常是单洞双向行车。特长隧道一般设有辅助救援平行通道。

山岭公路隧道洞身由围岩、喷锚衬砌（初期支护）、模筑混凝土衬砌（二次衬砌）、仰拱衬砌、仰拱填充、防水层、排水盲管、深埋水沟、路侧边沟、路面结构、电缆沟及盖板等组成，见图1.1-1。

隧道内还须配备照明、通风、监控、交通标志、防火、防灾、救援等交通工程设施、机电设施和管理设施，见图1.1-2。

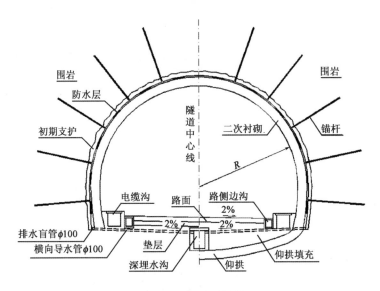

图 1.1-1　公路隧道土建结构组成

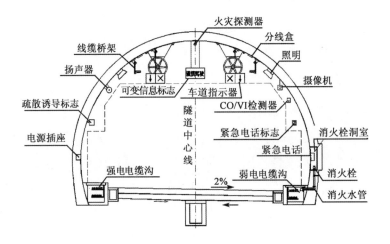

图 1.1-2　公路隧道机电设施组成

1.2　分类

公路隧道可按长度、跨度或车道数、布置方式、隧道所处位置、修建方式、开挖掘进方式、横断面结构形状、埋置深度等进行分类。

1.2.1 按隧道长度分类

我国《公路隧道设计规范》规定：公路隧道按长度分为特长隧道、长隧道、中隧道和短隧道四类，见表1.2-1。

公路隧道按长度分类　　　　　　表1.2-1

分类	特长隧道	长隧道	中隧道	短隧道
长度 L（m）	$L>3000$	$1000<L\leqslant3000$	$500<L\leqslant1000$	$L\leqslant500$

1.2.2 按隧道跨度或车道数分类

（1）一般跨度隧道：指单洞两车道隧道，隧道净宽为9.0~12.5m，见图1.2-1（a）；隧道内路面设硬路肩时，净宽可达14.5m。

（2）中等跨度隧道：指单洞三车道隧道，隧道净宽为14.5~16.0m，见图1.2-1（b）。

（3）大跨度隧道：指单洞四车道及以上隧道，隧道净宽达18.0m以上，见图1.2-1（c）。

1.2.3 按隧道所处位置分类

（1）山岭隧道：指穿越山体的隧道，见图1.2-2。

（2）城市隧道：指在城镇市区，为克服山体、建筑物、市政道路及市政设施障碍而修建的隧道，见图1.2-3。

（3）水下隧道：指为下穿地表水体（江河、海洋、湖泊）而修建的隧道，见图1.2-4。

1.2.4 按隧道布置方式分类

（1）分离式隧道：指两洞并行布置，且相互不产生有害影响的隧道，见图1.2-5。

（2）小净距隧道：指并行布置的两隧道间距较小、两洞结构彼此产生有害影响的隧道，见图1.2-6。

（3）连拱隧道：指并行的两拱形隧道之间无中夹岩柱、隧道的人工结构连接在一起的隧道，见图1.2-7。

（a）两车道隧道　　　　　　　　（b）三车道隧道

（c）四车道隧道

图 1.2-1　按车道数分类隧道

图 1.2-2　山岭隧道

图 1.2-3　城市隧道

图 1.2-4　水下隧道

图 1.2-5　分离式隧道

（4）分岔隧道：指由单洞大跨隧道，经连拱隧道、小净距隧道逐渐过渡到分离式隧道的隧道，或由连拱隧道，经小净距隧道逐渐过渡到分离式隧道的隧道。一般出现在隧道洞口和地下立交匝道与主洞分离的局部地段，见图 1.2-8。

图 1.2-6　小净距隧道

（a）直中墙式连供隧道　　　　　　　　　　（b）曲中墙式连供隧道

图 1.2-7　连拱隧道

图 1.2-8　分岔隧道

(5)交叠隧道：指上下两层隧道相互交叉、重叠，距离较近，并相互影响的隧道。一般出现在地下立交匝道隧道下穿和上跨主线隧道，见图 1.2-9。

图 1.2-9　交叠隧道（厦门万石山隧道）

1.2.5　按隧道修建方式分类

（1）明挖隧道：指采用明挖法修建的隧道，即先将地面挖开，在露天情况下修筑隧道结构，再回填土石覆盖的隧道，也称明洞，见图 1.2-10。

（2）暗挖隧道：指在地下先开挖形成空间，然后按需要修筑衬砌结构的隧道，见图 1.2-11。

图 1.2-10　明挖隧道　　　　　　　图 1.2-11　暗挖隧道

（3）沉管隧道：指在岸边将隧道预制成若干管节段，通过浮运的方式把预制管节运至指定位置，沉放安装在已疏浚好的基槽内，并将管节拼连起来形成的隧道，见图 1.2-12。

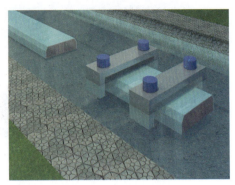

图 1.2-12　沉管隧道

1.2.6　按隧道开挖掘进方式分类

（1）钻爆法（或称矿山法）隧道：指在地层中通过人工、机械挖掘或爆破方式开挖形成地下空间，随后按需要修筑衬砌而形成的隧道。少数低等级公路中的隧道，围岩自身稳定，没有衬砌。

（2）掘进机法隧道：指利用隧道掘进机进行机械破碎岩石、出渣和支护连续作业修筑的隧道，是集挖掘、出渣、支护联动机械施工的方法（或称 TBM 法）修筑而成。常用于岩石地层中，隧道断面一般为圆形。

（3）盾构法隧道：指采用盾构机（图 1.2-13）一边进行前部掘进、控制围岩及掌子面不发生坍塌，一边进行出渣，并在机内拼装管片衬砌修建的隧道。常用于土质地层和软岩地层中，隧道采用预制拼装衬砌，一般为圆形。

图 1.2-13　隧道盾构机

(4) 破碎机法隧道：指采用岩石破碎机进行开挖的隧道，一般是采用单臂球形钻头对岩体进行挖掘，可用于岩石或土质隧道开挖，见图 1.2-14。

图 1.2-14　破碎机法掘进隧道

1.2.7　按隧道横断面结构形状分类

（1）拱形隧道：指断面上部为拱形、边墙为直墙或曲墙（也称马蹄形结构）的隧道。根据边墙情况，又可分为直墙拱形结构（图 1.2-15）、曲墙拱形结构（图 1.2-16）和半圆拱形结构。拱形衬砌结构是我国公路隧道采用最多的结构形式。一般钻爆法修建的隧道、明挖隧道、明洞等大多采用这种形式。

图 1.2-15　直墙拱形结构　　　　图 1.2-16　曲墙拱形结构

（2）矩形隧道：指断面为矩形的隧道。沉管法修建的隧道，下穿地面构筑物、隧道拱顶高度受到限制的明挖隧道，一般采用矩形断面，见图 1.2-17。

图 1.2-17　矩形隧道

（3）圆形隧道：指断面为圆形的隧道。采用盾构法、掘进机法修建的隧道，开挖形成的断面一般为圆形，采用圆形衬砌结构，见图 1.2-18。

图 1.2-18　圆形隧道

1.2.8　按隧道埋深分类

隧道按埋置深度，可分为深埋隧道和浅埋隧道。隧道埋置深度是指隧道拱顶结构外缘至地表的垂直覆盖层厚度（上覆盖层厚度）。隧道属深埋还是浅埋没有统一的划分标准，它与隧道跨度、围岩条件和周边环境有关，以隧道开挖后围岩是否能成洞为判定条件。围岩条件好时，上覆盖层厚度较小也能成洞；围岩条件差时，上覆盖层厚度较大才能成洞。通常在Ⅲ、Ⅳ级围岩中，隧道上覆盖层厚度小于开挖跨度的 2~2.5 倍时可判断为浅埋隧道，大于 2~2.5 倍时可判断为深埋隧道。浅埋隧道一般出现在隧道洞口段。

1.3 平、纵线形

1.3.1 平面线形

早期修建的隧道大多采用直线隧道，当时所采用的《公路隧道设计规范》（JTJ 026—90）规定："隧道内应避免设置平曲线"。随着隧道的增多，《公路隧道设计规范》（JTG D70—2004）结合实际情况，取消了该条规定，但明确了隧道设置平曲线时，不宜采用设超高的平曲线，并不应采用设加宽的平曲线。隧道平曲线最小半径按表 1.3-1 的规定控制。

不设超高的圆曲线最小半径（单位：m） 表 1.3-1

路拱（%）	设计速度（km/h）						
	120	100	80	60	40	30	20
≤2.0	5500	4000	2500	1500	600	350	150
>2.0	7500	5250	3350	1900	800	450	200

当隧道平面线形为设超高曲线时，其超高值一般不宜大于 4.0%。

1.3.2 纵面线形

为了使隧道内各种水（包括渗漏水、涌水、养护清洗水等）能自流排出洞外，隧道内纵坡要求不小于 0.3%。

考虑较大纵坡对车辆行驶安全性的影响，长大下坡容易发生交通事故，尤以寒冷地区路面结冰后更危险，此外，较大上坡时汽车尾气排放将急剧上升，会导致通风设备和运营费用增加，为此，隧道内纵坡一般不大于 3%。受地形限制的中、短隧道纵坡可适当加大，但不大于 4%。

1.4 横断面

1.4.1 建筑限界

隧道建筑限界是指保证隧道内车辆、检修人员或行人通行安全所需的横断面空间。在建筑限界范围内不得有任何结构物和运营设施侵入。

公路隧道因建设年代不同，采用的规范标准不同，其建筑限界略有不同。

（1）在 1990 年 12 月 1 日前，隧道建筑限界没有相关标准，一般按当时的《公路工程技术标准》相关条款执行。

（2）《公路隧道设计规范》（JTJ 026—90）（简称90规范），于1990年12月1日实施，是我国第一部公路隧道专业设计规范。其规定的各级公路隧道建筑限界见图1.4-1，隧道建筑限界基本宽度见表1.4-1。

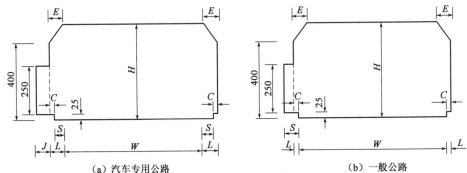

(a) 汽车专用公路　　　　　　(b) 一般公路

注：H-建筑限界高度；W-行车道宽度；S-行车道两侧路缘宽度；C-余宽；L-侧向宽度；J-检修道宽度；E-建筑限界顶角宽度（当$L \leq 1m$时，$E = L$；当$L > 1m$时，$E = 1m$）。

图1.4-1　公路隧道建筑限界（90规范）（尺寸单位：cm）

各级公路隧道建筑限界基本宽度（90规范）（单位：m）　　表1.4-1

公路分类	公路等级	地形	行车道宽度 W	侧向宽度		人行道 R	检修道（一侧）	隧道建筑限界净宽	
				路缘带 S	余宽 C			设检修道或不设人行道	设人行道
汽车专用公路	高速公路	平原微丘	7.50	0.75	0.50		0.75	10.75	
		重丘	7.50	0.50	0.50		0.75	10.25	
		山岭	7.50	0.50	0.25		0.75	9.75	
			7.00	0.50	0.25		0.75	9.25	
	一级公路	平原微丘	7.50	0.50	0.50		0.75	10.25	
		山岭重丘	7.00	0.50	0.25		0.75	9.25	
	二级公路	平原微丘	8.00		0.25		0.75	9.25	
		山岭重丘	7.50		0.25		0.75	8.75	10.50
一般公路	二级公路	平原微丘	9.00		0.25	0.75		9.50	8.50
		山岭重丘	7.00		0.25			7.50	8.50
	三级公路	平原微丘	7.00		0.25	0.75		7.50	8.50
		山岭重丘	7.00		0.25			7.50	
	四级公路	平原微丘	7.00		0.25			7.50	
		山岭重丘	7.00/4.50		0.25			7.50/5.00	

注：1. 汽车专用公路只在左侧设检修道。
　　2. 山岭重丘区的四级公路只有当路基宽度为4.5m时，行车道宽度可采用4.5m。
　　3. 四级公路隧道一般可不设人行道。

(3)《公路隧道设计规范》(JTG D70—2004)(简称04规范),于2004年11月1日实施。其规定的各级公路隧道建筑限界见图1.4-2,公路隧道建筑限界横断面组成最小宽度见表1.4-2。

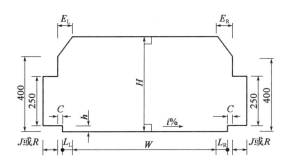

注:H-建筑限界高度;W-行车道宽度;L_L-左侧向宽度;L_R-右侧向宽度;C-余宽;J-检修道宽度;R-人行道宽度;h-检修道或人行道的高度;E_L-建筑限界左顶角宽度,$E_L=L_L$;E_R-建筑限界右顶角宽度(当$L_R \leq 1m$时,$E_R=L_R$;当$L_R>1m$时,$E_R=1m$)。

图1.4-2 公路隧道建筑限界(04规范)(尺寸单位:cm)

公路隧道建筑限界横断面组成最小宽度(04规范)(单位:m) 表1.4-2

公路等级	设计速度(km/h)	车道宽度 W	侧向宽度		余宽 C	人行道 R	检修道 J		隧道建筑限界净宽		
			左侧 L_L	右侧 L_R			左侧	右侧	设检修道	设人行道	不设检修、人行道
高速公路 一级公路	120	3.75×2	0.75	1.25			0.75	0.75	11.00		
	100	3.75×2	0.50	1.00			0.75	0.75	10.50		
	80	3.75×2	0.50	0.75			0.75	0.75	10.25		
	60	3.50×2	0.50	0.75			0.75	0.75	9.75		
二级公路 三级公路 四级公路	80	3.75×2	0.75	0.75		1.00				11.00	
	60	3.50×2	0.50	0.50		1.00				10.50	
	40	3.50×2	0.25	0.25		0.75				9.00	
	30	3.25×2	0.25	0.25	0.25						7.50
	20	3.00×2	0.25	0.25	0.25						7.00

注:1. 三车道隧道除增加车道数外,其他宽度同表;增加车道的宽度不得小于3.5m。
2. 连拱隧道的左侧可不设检修道或人行道,但应设50cm(120km/h与100km/h时)或25cm(80km/h与60km/h时)的余宽。
3. 设计速度120km/h时,两侧检修道宽度均不宜小于1.0m;设计速度100km/h时,右侧检修道宽度不宜小于1.0m。

— 13 —

（4）《公路隧道设计规范》（JTG 3370.1—2018）（简称 18 规范），于 2019 年 5 月 1 日实施。其规定的各级公路隧道建筑限界见图 1.4-3。公路隧道建筑限界横断面组成最小宽度见表 1.4-3。相比 04 规范，18 规范对公路隧道建筑限界余宽、左侧侧向宽度、J 和 R 宽度定义等有一定的调整。

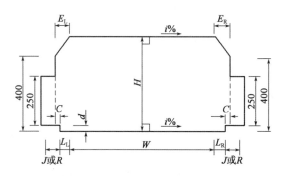

注：H-建筑限界高度；W-行车道宽度；L_L-左侧侧向宽度；L_R-右侧侧向宽度；C-余宽；J-检修道宽度；R-人行道宽度；d-检修道或人行道高度；E_L-建筑限界左顶角宽度（含余宽 C）；E_R-建筑限界右顶角宽度（含余宽 C）（当 $L_L \leq 1m$ 时，$E_L = L_L$；当 $L_L > 1m$ 时，$E_L = 1m$；当 $L_R \leq 1m$ 时，$E_R = L_R$；当 $L_R > 1m$ 时，$E_R = 1m$）。

图 1.4-3　公路隧道建筑限界（18 规范）（尺寸单位：cm）

公路隧道建筑限界横断面组成最小宽度（18 规范）（单位：m）　表 1.4-3

公路等级	设计速度（km/h）	车道宽度 W	侧 向 宽 度		余宽 C	检修道 J 或人行道 R		建筑限界基本宽度
			左侧 L_L	右侧 L_R		左侧	右侧	
高速公路一级公路	120	3.75×2	0.75	1.25	0.50	0.75	0.75	11.50
	100	3.75×2	0.75	1.00	0.25	0.75	0.75	10.75
	80	3.75×2	0.50	0.75	0.25	0.75	0.75	10.25
	60	3.50×2	0.50	0.75	0.25	0.75	0.75	9.75
二级公路	80	3.75×2	0.75	0.75	0.25	1.00	1.00	11.00
	60	3.50×2	0.50	0.50	0.25	1.00	1.00	10.00
三级公路	40	3.50×2	0.25	0.25	0.25	0.75	0.75	9.00
	30	3.25×2	0.25	0.25	0.25	0.75	0.75	8.50
四级公路	20	3.00×2	0.50	0.50	0.25			7.50

注：三车道、四车道隧道除增加车道数外，其他宽度同表 1.4-3；增加车道的宽度不应小于 3.5m。

第1章 公路隧道基本知识

（5）车行横通道、人行横通道的建筑限界

《公路隧道设计规范》（JTJ 026—90）仅对隧道内车行横通道、人行横通道给出了内轮廓尺寸要求，见表1.4-4。《公路隧道设计规范》（JTG D70—2004）和《公路隧道设计规范》（JTG 3370.1—2018）给出了明确的建筑限界要求，见图1.4-4、图1.4-5。

横通道尺寸（90规范） 表1.4-4

名　称	尺寸（宽×高，m）
车行横通道	4×4.5
人行横通道	2×2.2

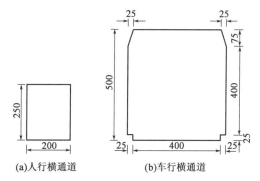

图1.4-4 横通道断面建筑限界（04规范）（尺寸单位：cm）

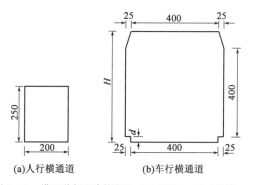

图1.4-5 横通道断面建筑限界（18规范）（尺寸单位：cm）

1.4.2 隧道衬砌内轮廓

隧道横断面内轮廓线均置于建筑限界以外。图1.4-6所示为设计速度为80km/h的两车道隧道拱形衬砌内轮廓图示例。

— 15 —

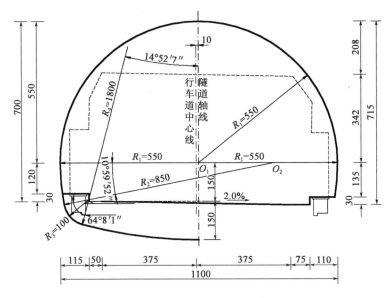

图 1.4-6 隧道内轮廓图示例（尺寸单位：cm）

（1）拱形断面：山岭隧道衬砌内轮廓形状通常采用拱形断面，见图 1.2-15、图 1.2-16。

（2）矩形断面：下穿地面构筑物拱顶高度受限的明挖隧道、沉管法修建的隧道，衬砌内轮廓形状通常采用矩形断面，见图 1.2-17。

（3）圆形断面：盾构法、掘进机法修建的隧道，衬砌内轮廓形状通常采用圆形断面，见图 1.2-18。

1.4.3 隧道横断面布置

（1）路面横坡：指隧道路面的横向坡度。单向行车的隧道路面横坡为单向横坡，坡度为 2.0%。双向行车的隧道路面横坡一般为人字坡，坡度为 1.5% ~ 2.0%。

（2）路侧边沟：隧道路面两侧一般设有路侧边沟，少数隧道单侧（较低一侧）设路侧边沟。路侧边沟通常采用矩形盖板沟。2000 年后一些隧道采用了倒 Ω 形开口边沟，因垃圾容易掉进这种边沟而形成堵塞，清洁维护困难，且容易损坏，现逐步被淘汰。

（3）中心排水沟（也称深埋水沟）：为了排出衬砌背后积水，同时疏导隧道底部渗水、冒水,对于地下水较多的隧道,在路面结构层以下设有中心排水沟。中心排水沟一般设在隧道中央,近几年修建的两车道隧道也有偏离中线设置的情况。对四车道隧道,有些隧道深埋水沟布置在隧道两侧,形成"双沟"。中心排水沟断面形状有矩形或圆形两种,2000—2012年间修建的隧道,多采用圆形排水沟,直径为30~60cm。近年来多采用矩形排水沟。

(4) 检修道及人行道:隧道两侧设有宽度不小于0.75m的检修道或人行道,连拱隧道和2004年以前修建的部分隧道,检修道为单侧设置,四级公路的隧道不设人行道。检修道高度一般为0.25~0.45m。检修道以下的空间,通常作为电缆及各种管线通道,称为电缆沟。

1.5 紧急停车带

(1)《公路隧道设计规范》(JTJ 026—90)没有提到在隧道内设置紧急停车带,仅规定单车道隧道应按200m间距设置错车道。

(2)《公路隧道设计规范》(JTG D70—2004)要求长、特长隧道在行车道的右侧按一定的间距设置紧急停车带。紧急停车带建筑限界见图1.5-1,平面布置见图1.5-2。紧急停车带的宽度为3.5m(含右侧侧向宽度),长度为40m,其中有效长度不小于30m。

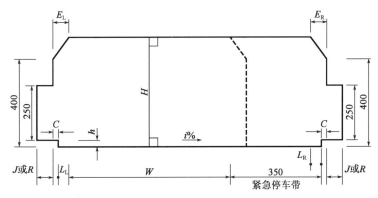

图1.5-1 紧急停车带建筑限界(尺寸单位:cm)

(3)《公路工程技术标准》(JTG B01—2014)和《公路隧道设计规范》(JTG 3370.1—2018)对紧急停车带建筑限界的宽度和长度进行了调整。宽度调整为:向行车方向右侧加宽不小于3.0m,且与右侧侧向宽度

(L_R)之和不应小于3.5m，见图1.5-3；长度调整为不小于50m，其中有效长度不小于40m，平面布置见图1.5-4。

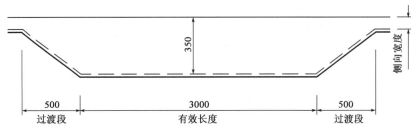

图1.5-2 紧急停车带平面布置（尺寸单位：cm）

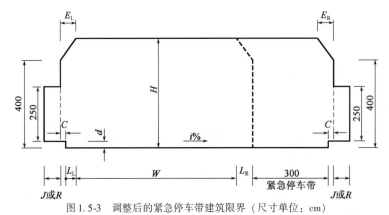

图1.5-3 调整后的紧急停车带建筑限界（尺寸单位：cm）

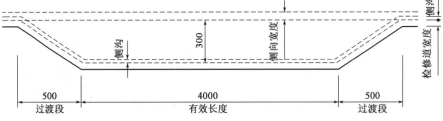

图1.5-4 紧急停车带平面布置（尺寸单位：cm）

（4）紧急停车带间距：单向行车隧道紧急停车带间距一般为750m，且不大于1000m。双向行车隧道紧急停车带按双侧交错设置。同一侧间距：04规范规定不大于1000m；18规范规定宜采用800~1200m，并不应大于1500m。

紧急停车带实景见图 1.5-5，其中（a）图为两车道隧道内的紧急停车带，（b）图为三车道隧道内的紧急停车带。

（a）两车道隧道

（b）三车道隧道

图 1.5-5　紧急停车带

1.6　紧急停车带、横通道的布置方式

1.6.1　平行布置的双洞隧道

紧急停车带、车行横通道、人行横通道通常有以下几种不同的平面布置方式：

（1）紧急停车带与人行横通道布置在一起，车行横通道单独布置，车行横通道处主隧道需向左侧加宽，见图 1.6-1（a）；

（2）紧急停车带与车行横通道布置在一起，车行横通道斜向布置，人行横通道分开布置，见图 1.6-1（b）；

（3）紧急停车带与车行横通道布置在一起，车行横通道垂直布置，人行横通道分开布置，见图 1.6-1（c）；

（4）紧急停车带与车行横通道错开布置，车行横通道斜向布置，人行横通道分开布置，见图 1.6-1（d）。

1.6.2　单洞双向行车隧道

单洞双向行车隧道紧急停车带两侧交错布置，见图 1.6-2。

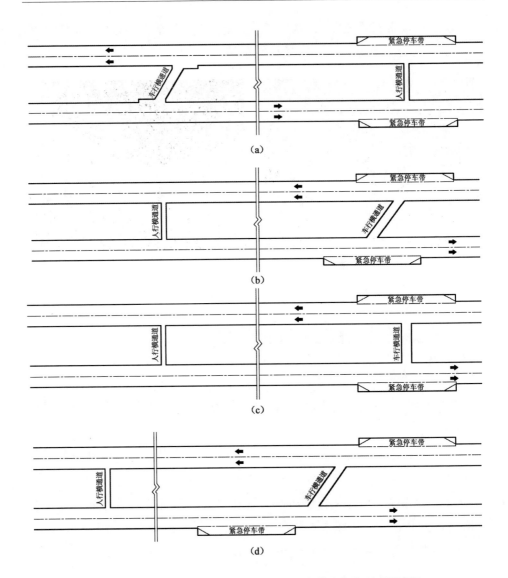

图 1.6-1 平行布置隧道紧急停车带与车行、人行横通道平面布置示意图

图 1.6-2 单洞双向行车隧道紧急停车带布置方式示意图

1.7 洞口、洞门

隧道洞口包括隧道入口部的边坡、仰坡、洞门、截水沟、排水沟等构造物。隧道洞门是保证洞内施工安全和运营安全的重要结构物，是隧道唯一的外露部分，是隧道结构物的标志。隧道洞门具有支挡洞口正面仰坡和侧面边坡、保持仰坡和边坡稳定的作用，防止仰坡上方小量的滚石、滑坍、碎落、雪崩等自然灾害对路面的危害作用，以及美化洞口环境的作用。

1.7.1 洞门形式

公路隧道的洞门形式分为两类，即端墙式洞门和明洞式洞门。

（1）端墙式洞门：是指为防止仰坡坍塌、飞石、碎落、跌水、雪崩等危害而修建的挡墙结构，具有抵抗来自边坡、仰坡土压力的能力，按承受主动土压力进行设计，对地基承载力要求较高。端墙式洞门又分为：普通端墙式洞门、拱翼式洞门、翼墙式洞门、柱式洞门、台阶式洞门，分别见图 1.7-1（a）～（e）。

(a) 普通端墙式洞门

(b) 拱翼式洞门

图 1.7-1

(c)翼墙式洞门

(d)柱式洞门

(e)台阶式洞门

图1.7-1 端墙式洞门分类

（2）明洞式洞门：是指隧道主体衬砌结构突出于洞口山体坡面的结构，一般在隧道洞口没有滚石、碎落、跌水威胁，边坡和仰坡不产生土压力时采用。明洞式洞门又分为：削竹式洞门、直削式洞门、倒削竹式洞门、喇叭式洞门、棚洞式洞门等，分别见图 1.7-2（a）～（e）。

（a）削竹式洞门

（b）直削式洞门

（c）倒削竹式洞门

图 1.7-2

(d)喇叭式洞门

(e)棚洞式洞门

图 1.7-2　明洞式洞门分类

1.7.2　洞口截水沟与排水沟

图 1.7-3　洞口截水沟

为了截排隧道边、仰坡开挖线以上的坡面汇水，坡面汇水面积较大、汇集的雨水可能对洞口边仰坡形成有害冲刷时，在隧道洞口边、仰坡坡顶设置截水沟（图 1.7-3）。洞顶排水沟是指设在端墙式洞门墙背的排水沟，其目的是防止洞顶积水（图 1.7-4）。

第 1 章 公路隧道基本知识

图 1.7-4 洞顶排水沟

1.8 土建结构

公路隧道结构包括：隧道围岩、喷锚支护、模筑混凝土衬砌。其中，隧道围岩是在隧道修建以前固有的结构，大多是自然形成的，也有人工填筑的堆积体；喷锚支护、模筑混凝土衬砌结构，是根据公路等级、围岩地质条件、施工条件和使用要求，按设计意图修建的。公路隧道规定，衬砌结构可采用喷锚衬砌、整体式衬砌、复合式衬砌。

1.8.1 喷锚衬砌

喷锚衬砌（也称喷锚支护）是喷射混凝土支护、喷射混凝土+锚杆支护、喷射混凝土+锚杆+钢筋网支护、喷射混凝土+锚杆+钢筋网+钢架支护等支护形式的统称，是一种加固围岩、控制围岩变形、能充分利用和发挥围岩自承能力的衬砌形式，具有支护及时、柔性、紧贴围岩、与围岩共同工作等特点。喷锚衬砌是目前最简便、经济、有效的快速柔性支护结构，是利用和发挥围岩自承能力最主要、最有效的支护手段。在复合式衬砌结构中，喷锚衬砌通常称为初期支护。

三级及三级以下公路隧道，围岩条件较好时，可单独采用喷锚衬砌。

1.8.2 整体式衬砌

整体式衬砌是被广泛采用的衬砌形式，具有较强的支护能力、防水能力和耐久性，能提供长期可靠的支护作用，经过大量的工程实践验证，技术成熟，适应多种围岩条件。因此，在隧道洞口段、浅埋段及围岩条件很差的软弱围岩中，采用整体式衬砌较为稳妥可靠。山岭隧道中整体式衬砌通常采用模筑混凝土或模筑钢筋混凝土，早期修建的隧道中也有采用条石砌筑的衬砌结构。整体式衬砌结构主要承受围岩松弛荷载，同时满足对隧道衬砌外观的基本要求，两车道隧道的模筑混凝土衬砌最小厚度一般不小于30cm，采用直墙拱形断面时，边墙模筑混凝土厚度一般不小于50cm。

1.8.3 复合式衬砌

复合式衬砌是由内外两层衬砌组合而成，第一层称为喷锚衬砌（也称初期支护），第二层为模筑混凝土衬砌（也称二次衬砌），初期支护与二次衬砌之间夹防排水层，见图1.8-1。复合式衬砌的二次衬砌，外观成型较好，在初期支护与二次衬砌之间铺设防排水层，解决隧道衬砌渗漏水问题。

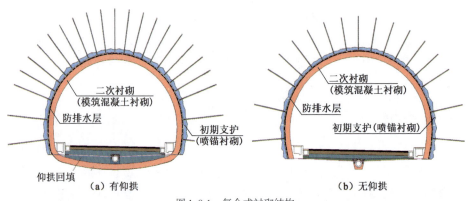

图1.8-1 复合式衬砌结构

我国公路隧道20世纪90年代初开始采用复合式衬砌，随后在高等级公路隧道中普遍采用。在两车道公路隧道复合式衬砌中，根据围岩条件的不同，喷射混凝土最小厚度不小于5cm，一般在8~25cm之间。二次模筑混凝土衬砌最小厚度不小于30cm。

1.8.4 复合式衬砌施工顺序

隧道开挖后，首先立即对围岩进行第一次喷射混凝土（初喷），厚度一般为3~5cm，随后铺挂钢筋网、打锚杆、立钢拱架、再次喷射混凝土

（复喷）并使喷射混凝土厚度达到设计厚度，完成初期支护。初期支护应与围岩密贴，不留空隙。

在隧道围岩和初期支护变形基本稳定后，铺挂防水层，最后施作二次衬砌。在有仰拱地段，二次衬砌先施工仰拱衬砌，再施工拱墙衬砌。

1.8.5 模筑混凝土衬砌施工

在 20 世纪 90 年代以前以及 90 年代初修建的一些隧道，隧道衬砌结构多采用整体式衬砌，为现浇模筑素混凝土结构，少数采用钢筋混凝土结构。当时没有全断面衬砌模板台车，混凝土模板主要采用拼装式小模板。

围岩较差的隧道，由于没有初期支护，模筑混凝土多采用"先拱后墙"浇筑（图 1.8-2），即先开挖隧道上半断面，浇筑拱部混凝土，再拉中槽开挖下半断面，分左右跳格开挖边墙后（马口开挖），浇筑边墙混凝土。围岩较好时，模筑混凝土采用"先墙后拱"浇筑，即隧道全断面开挖，先浇筑边墙混凝土，再浇筑拱部混凝土。这两种施工方法，拱部一次浇筑长度为 3~6m，在拱部每隔 3~6m 有一道环向施工缝，边墙与拱部会形成纵向施工缝。

图 1.8-2　隧道模筑衬砌采用拼装式小模板"先拱后墙"浇筑

20 世纪 90 年代初，我国大力推广复合式衬砌，隧道在初期支护的作用下，一般是在隧道全部开挖成形后再浇筑二次模筑混凝土。由于当时全断面衬砌模板台车还没有普及，一些隧道二次模筑混凝土衬砌仍然采用拼装式小模板"先墙后拱"浇筑。拼装式小模板浇筑的衬砌外观见图 1.8-3。

图1.8-3 拼装式小模板浇筑的衬砌外观

进入21世纪以后,复合式衬砌中的二次模筑混凝土施工,已普遍采用全断面衬砌模板台车(图1.8-4),拱墙一次浇筑成形,一次浇筑长度为6～12m,每6～12m会形成一道环向施工缝,见图1.8-5。

图1.8-4 隧道全断面衬砌模板台车

图1.8-5 环向施工缝

1.8.6 混凝土衬砌材料

2010年以前修建的隧道，初期支护喷射混凝土的强度等级多采用C20，素混凝土模筑衬砌的强度等级要求不低于C20，钢筋混凝土衬砌的强度等级要求不低于C25。目前，素混凝土模筑衬砌的混凝土强度等级一般不低于C25，钢筋混凝土衬砌的混凝土强度等级一般不低于C30。

1.9 防排水

在20世纪90年代以前，由于防排水技术和防排水材料缺乏，公路隧道衬砌防水主要依靠结构自防水，衬砌背后没有设置防水层。衬砌排水是在衬砌背后设竖向盲沟，边墙脚设泄水孔的方法，将衬砌背后地下水引入路侧边沟，以降低衬砌背后积水，达到防排水目的。竖向盲沟多采用片石渗水盲沟、木盒盲沟、草卷盲沟等。这些隧道在运营期间大多渗漏水严重，寒区隧道在冬季还会产生冻害。

20世纪90年代初，随着复合式衬砌的广泛应用，开始在初期支护与二次衬砌之间铺设防水层，并在防水层与初期支护之间按4~20m的间距铺设用弹簧管制成的环向盲沟或竖向盲沟，边墙脚设泄水孔，将衬砌背后的积水排出。20世纪90年代中期，开始在衬砌边墙脚背后铺设全隧道贯通的纵向排水盲管，形成了较为完善的隧道防排水系统，见图1.9-1。

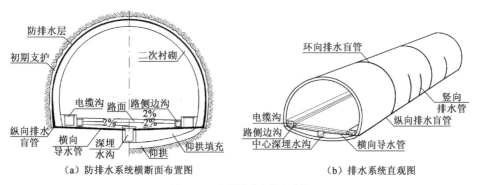

图1.9-1 公路隧道防排水系统

2000年以后，随着排水盲管的更新，出现了聚氯乙烯（PVC）打孔排水盲管、软式透水弹簧盲管等多种透水排水盲管产品，大大提高了隧道的排水效率。

1.9.1 隧道衬砌防水

1）防水层

公路隧道在初期支护与二次衬砌之间铺设的防水层，相当于给二次模筑混凝土衬砌"穿上一层雨衣"，达到衬砌防水目的。防水层通常由防水卷材（防水板）和土工织物（无纺布）组合而成。

20世纪90年代，隧道中采用的防水卷材有塑料防水卷材和夹布橡胶防水卷材。2000年以后，夹布橡胶防水卷材已被淘汰。

目前，防水卷材（板）市场供应的品种较多，常用的有：乙烯-醋酸乙烯共聚物（EVA）、乙烯-醋酸乙烯与沥青共聚物（ECB）、聚乙烯（PE），见图1.9-2；预铺反黏类防水卷材；立体防排水板，见图1.9-3。

图1.9-2 常用防水卷材

图1.9-3 立体防排水板

防水层中的无纺布设在防水卷材与喷射混凝土层之间，作为防水卷材（板）与喷射混凝土层接触的缓冲层，起到保护防水层的作用。同时，无纺布具有导水和反滤作用，可将衬砌背后的地下水引至边墙脚。

2004年以前，公路隧道内采用的无纺布密度一般为200~250g/m^2。2004年后，《公路隧道设计规范》（JTG D70—2004）、《铁路隧道设计规范》（TB 10003—2005）均规定，隧道排水层内使用的无纺布密度不小于300g/m^2，一些公路隧道还采用了350g/m^{2}或400g/m^{2}规格的无纺布。

2）结构自防水

隧道二次模筑混凝土衬砌是隧道防水的最后一道防线，依靠混凝土的自身抗渗能力防水，要求抗渗等级不小于 P6。随着对隧道防水要求的提高，目前很多隧道二次模筑混凝土衬砌的抗渗等级要求达到 P8。

3）施工缝防水

模筑混凝土衬砌（整体式衬砌、复合式衬砌中的二次衬砌）施工缝和变形缝是隧道防水的薄弱环节。在 20 世纪 80 年代以前，混凝土衬砌施工缝防水，采用的是在施工缝界面涂刷热沥青、设置异形接缝等方法。20 世纪 90 年代后，多采用中埋式橡胶止水带、中埋式钢边橡胶止水带、背贴式止水带等。此外，还有的隧道采用遇水膨胀止水条和钢板止水带等。遇水膨胀止水条因施工工艺难以达到要求，以及本身防水能力的局限，目前已被淘汰。

1.9.2 隧道衬砌排水

隧道衬砌排水，是在衬砌背后的防水层与初期支护之间，按一定间距铺设环向盲沟或竖向盲沟、在衬砌边墙脚背后设全隧道贯通的纵向盲沟，并通过三通连接管连接穿过衬砌的横向导水管（泄水孔），将衬砌背后地下水引入路侧边沟或中心排水沟（深埋水沟）。环向排水盲管、竖向排水盲管、纵向排水盲管、中心排水沟（深埋水沟）、路侧边沟布置见图 1.9-1。不设置中心排水沟的隧道，横向导水管引向路侧边沟，见图 1.9-4。设置中心排水沟的隧道，横向导水管引向中心排水沟，见图 1.9-5。

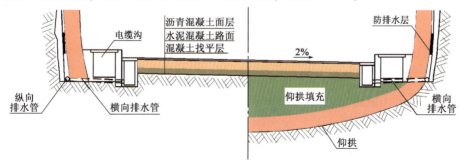

图 1.9-4　不设中心排水沟的隧道排水示意图

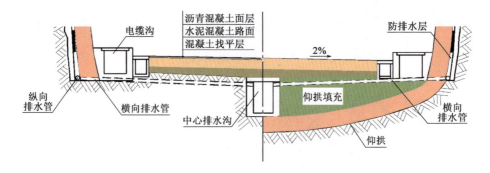

图 1.9-5 设中心排水沟的隧道排水示意图

环向排水盲管、竖向排水盲管、纵向排水盲管主要采用软式透水管、塑料排水板、打孔波纹管等。其中：

①软式透水管又称弹簧排水管，是由高碳钢丝、无纺布过滤层、合成聚酯纤维共同组成的排水管，常用规格有 $\phi 5cm$、$\phi 8cm$、$\phi 10cm$ 等。环向排水盲管、竖向排水盲管也有采用半圆形软式透水管。

②塑料排水板也称乱丝盲沟、三维排水板，是将热塑性合成树脂加热熔化后，通过喷嘴挤压出纤维丝重叠置在一起，并将其相接点熔结而成的三维立体多孔材料。

③打孔波纹管是由高密度聚乙烯（HDPE）添加其他助剂而形成的外形呈波纹状的排水塑料管材，在管壁凹槽处打孔以达到透水的目的，常用规格有 $\phi 5cm$、$\phi 8cm$、$\phi 11cm$ 等。

1.10 辅助通道

辅助通道是长隧道、特长隧道为满足公路隧道运营通风、防灾、避难、逃生、救援等需要而设置的通道；或施工时为改善施工条件、加快施工进度、增开工作面而增设的施工通道。

常见的辅助通道有车行横通道、人行横通道、通风竖井、斜井、风道、地下风机房、平行通道（导坑、导洞）等。短隧道、中隧道的辅助通道一般较少，而特长隧道的辅助通道则可能非常复杂，见图 1.10-1。

第1章　公路隧道基本知识

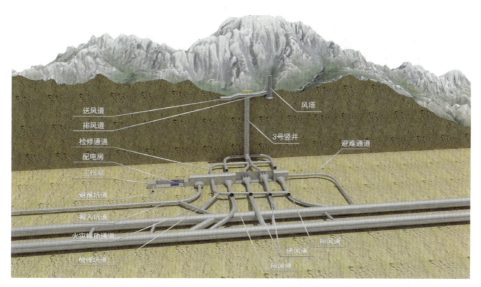

图 1.10-1　某特长隧道通风通道示意图

车行横通道（图 1.10-2）、人行横通道（图 1.10-3）是隧道内最常见的辅助通道。《公路隧道设计规范》（JTG D70—2004）规定：车行横通道的设置间距可取 750m，并不得大于 1000m；人行横通道的设置间距可取 250m，并不大于 500m。通常是在两车行横通道之间设置一道人行横通道。近年来要求人行横通道间距不大于 350m，在两车行横通道之间设置两道人行横通道。

图 1.10-2　车行横通道

单洞双向行车的特长隧道，一般设有与主洞平行的辅助救援平行通道，见图 1.10-4。平行通道断面一般与车行横通道断面相同，也有个别隧道中设置的平行通道断面与人行横通道断面相同。

图 1.10-3　人行横通道

图 1.10-4　平行通道

图 1.10-5～图 1.10-7 是一组隧道通风辅助通道的实景照片。

图 1.10-5　风道、斜井及检修通道

图 1.10-6　地下风机房

图 1.10-7　主洞隧道拱顶风道隔板

1.11　路基路面

（1）路基

隧道路基是利用隧道底板作为路基。无仰拱的隧道，隧道底部稳定的石质地层即为路基；有仰拱的隧道，以仰拱填充层作为路基。

（2）路面

目前，隧道路面结构主要有两种：一是水泥混凝土路面；二是由沥青混合料上面层与混凝土下面层组成的复合式路面。其中，无仰拱的隧道路面结构下设有混凝土整平层，有仰拱的隧道路面结构下是仰拱填充层，见图 1.11-1。

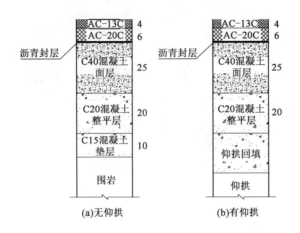

图 1.11-1　隧道复合式路面结构示意图（尺寸单位：cm）

2000 年以前建成的公路隧道，多采用水泥混凝土路面。2000 年以后，隧道内逐步采用了复合式路面。近几年很多原采用水泥混凝土路面的隧道，都已加铺了沥青混合料上面层，从而提高了路面抗滑性能，大大降低了隧道内行车事故率。

1.12　隧道围岩

围岩是隧道周围的岩土体的统称，一般指因隧道开挖扰动而使原始应力发生改变的区域，是隧道结构的一部分。地层岩性、岩体强度、围岩完整程度和地下水，对隧道围岩稳定性及结构作用有很大影响。由于隧道穿越的地层情况非常复杂，围岩的稳定性有很大差异，隧道工程界采用围岩分类或围岩分级方法来综合评价围岩性质、判断围岩的稳定性，作为确定隧道衬砌结构、开挖方法、临时支护措施以及指导施工的基本依据。

（1）围岩分类

围岩分类是《公路隧道设计规范》（JTJ 026—90）采用的围岩综合评价方法，与当时《铁路隧道设计规范》的围岩分类方法一致。它通过对影响岩体性质主要因素的定性及定量描述，来鉴别、判断围岩类别，并将围岩按其稳定性分为六类，即由好至差分别为：Ⅵ类、Ⅴ类、Ⅳ类、Ⅲ类、Ⅱ类、Ⅰ类（表 1.12-1），在实际应用时有一定人为因素和不确定性。

围岩分类与主要工程地质条件关系 表 1.12-1

围岩类别	围岩主要工程地质条件	
	主要工程地质特征	结构特征和完整状态
Ⅵ	硬质岩石（饱和抗压极限强度 $R_b > 60\text{MPa}$），受地质构造影响轻微，节理不发育，无软弱面（或夹层）；层状岩层为厚层，层间结构良好	呈巨块状整体结构
Ⅴ	硬质岩石（$R_b > 30\text{MPa}$）：受地质构造影响较重，节理较发育，有少量软弱面（或夹层）和贯通微张节理，但其产状及组合关系不致产生滑动；层状岩层为中层或厚层，层间结合一般，很少有分离现象，或为硬质岩石偶夹软质岩石	呈大块状砌体结构
	软质岩石（$R_b \approx 30\text{MPa}$）：受地质构造影响轻微，节理不发育；层状岩层为厚层，层间结合良好	呈巨块状整体结构
Ⅳ	硬质岩石（$R_b > 30\text{MPa}$）：受地质构造影响严重，节理发育，有层状软弱面（或夹层），但其产状及组合关系尚不致产生滑动；层状岩层为薄层或中层；层间结合差，多有分离现象，或为硬、软质岩石互层	呈块（石）碎（石）状镶嵌结构
	软质岩石（$R_b = 5 \sim 30\text{MPa}$）：受地质构造影响较重，节理较发育；层状岩层为薄层、中层或厚层；层间结合一般	呈碎石状压碎整体结构
Ⅲ	硬质岩石（$R_b > 30\text{MPa}$）：受地质构造影响很严重，节理很发育；层状软弱面（或夹层）已基本被破坏	呈碎石状压碎整体结构
	软质岩石（$R_b = 5 \sim 30\text{MPa}$）：受地质构造影响严重，节理发育	呈块（石）碎（石）状镶嵌结构
	①略具压密或成岩作用的黏性土及砂性土； ②一般钙质、铁质胶结的碎、卵石土、大块石土； ③黄土（Q_1、Q_2）	①呈大体状压密结构； ②、③呈巨块状整体结构
Ⅱ	石质围岩位于挤压强烈的断裂带内，裂隙杂乱，呈夹土或土夹石状	呈角（砾）碎（石）状松散结构
	一般第四系的半干硬～硬塑的黏性土及稍湿至潮湿的一般碎、卵石土，圆砾、角砾土及黄土（Q_3、Q_4）	非黏性土呈松散结构，黏性土及黄土呈软塑结构
Ⅰ	石质围岩位于挤压极强烈的断裂带内，呈角砾、砂、泥松软体	呈松软结构
	软塑状黏性土及潮湿的粉细砂等	黏性土呈易蠕动的松软结构；砂性土呈潮湿松散结构

(2) 围岩分级

围岩分级是《公路隧道设计规范》(JTG D70—2004) 采用的围岩综合评价方法，与 20 世纪 90 年代发布的国家标准《工程岩体分级标准》(GB 50218—94) 相一致。通过围岩的坚硬程度、完整程度来计算得到岩石基本质量指标 BQ 值，或进一步考虑岩体主要结构面与隧道走向空间关系、地下水、地应力等因素对 BQ 值进行修正，得到修正后的 $[BQ]$ 值，再结合围岩体的定性特征进行综合评判划分。该方法是一种定性划分和定量相结合的综合评判方法，将围岩按其稳定性分为六级，即由好至坏分为：Ⅰ级、Ⅱ级、Ⅲ级、Ⅳ级、Ⅴ级、Ⅵ级，见表 1.12-2。

围岩分级与围岩基本质量指标关系　　　表 1.12-2

围岩级别	围岩或土体的主要定性特征	围岩基本质量指标 BQ 或者修正的围岩基本质量指标 $[BQ]$
Ⅰ	坚硬岩，岩体完整，巨整体状或巨厚层状结构	>550
Ⅱ	坚硬岩，岩体较完整，块状或厚层状结构； 较坚硬岩，岩体完整，块状整体结构	550~451
Ⅲ	坚硬岩，岩体较破碎，巨块（石）碎（石）镶嵌结构； 较坚硬岩或者较软硬岩层，岩体较完整，块状体或中厚层结构	450~351
Ⅳ	坚硬岩，岩体较破碎~破碎，镶嵌碎裂结构； 较软岩或软硬岩互层，且以软岩为主，岩体较完整~较破碎，中薄层状结构	350~251
Ⅳ	土体：①压密或成岩作用的黏性土及砂性土； ②黄土（Q_1、Q_2）； ③一般钙质、铁质胶结的碎石土、卵石土、大块石土	350~251
Ⅴ	较软岩，岩体破碎； 软岩，岩体较破碎~破碎； 极破碎各类岩体，碎、裂状、松散结构	≤250
Ⅴ	一般第四系的半干硬至硬塑的黏性土及稍湿的碎石土、卵石土、圆砾、角砾土及黄土（Q_3、Q_4）。非黏性土呈松散结构，黏性土及黄土呈松软结构	≤250
Ⅵ	软塑状黏性土及潮湿、饱和粉细砂层、软土等	

2015年5月1日起实施的《工程岩体分级标准》(GB/T 50218—2014)对围岩分级标准作了调整,见表1.12-3。

公路隧道围岩级别划分 表1.12-3

围岩级别	围岩岩体或土体主要定性特征	岩体基本质量指标BQ或岩体修正质量指标$[BQ]$
Ⅰ	坚硬岩,岩体完整	>550
Ⅱ	坚硬岩,岩体较完整; 较坚硬岩,岩体完整	550~451
Ⅲ	坚硬岩,岩体较破碎; 较坚硬岩,岩体较完整; 较软岩,岩体完整,整体状或巨厚层状结构	450~351
Ⅳ	坚硬岩,岩体破碎; 较坚硬岩,岩体较破碎~破碎; 较软岩,岩体较完整~较破碎; 软岩,岩体完整~较完整	350~251
Ⅳ	土体:①压密或成岩作用的黏性土及砂性土; ②黄土(Q_1、Q_2); ③一般钙质、铁质胶结的碎石土、卵石土、大块石土	
Ⅴ	较软岩,岩体破碎; 软岩,岩体较破碎~破碎; 全部极软岩和全部极破碎岩	≤250
Ⅴ	一般第四系的半干硬至硬塑的黏性土及稍湿至潮湿的碎石土、卵石土、圆砾、角砾土及黄土(Q_3、Q_4)。非黏性土呈松散结构,黏性土及黄土呈松软结构	
Ⅵ	软塑状黏性土及潮湿、饱和粉细砂层、软土等	

围岩类别与围岩级别均对围岩采取了六级划分,但从理论上讲,这是两种不同的围岩划分方法,不是简单的反向对应关系。

第 2 章　土建结构常见病害

隧道土建结构常见病害主要有：衬砌开裂、破损、渗漏水；路面渗水、积水、破损；电缆沟变形破损；路侧边沟破损；洞内结冰；洞门损坏；边、仰坡碎落、坍塌；内装饰破损等。在极端天气条件下，部分隧道还存在隧道涌水、衬砌爆裂的现象。随着公路隧道运营时间的增长，各种病害呈逐渐增多的趋势。

2.1　洞口边、仰坡坍塌、碎落

（1）洞口边、仰坡坍塌，见图 2.1-1。

图 2.1-1　洞口边、仰坡坍塌

（2）洞口边、仰坡碎落，见图 2.1-2。

图 2.1-2　洞口边、仰坡碎落

2.2 洞门病害

（1）洞门端墙开裂、错位，见图2.2-1。

图2.2-1 洞门端墙开裂、错台

（2）洞门装饰层松动、脱落，见图2.2-2。

图2.2-2 洞门装饰层松动、脱落

（3）洞门拱圈混凝土腐蚀、剥落，见图2.2-3。

2.3 衬砌开裂

（1）拱部开裂：在隧道拱部出现纵向、斜向、竖向（环向）或网状裂缝，见图2.3-1、图2.3-2。

图 2.2-3　洞门拱圈混凝土腐蚀、剥落

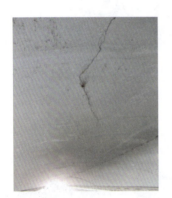

图 2.3-1　拱顶纵向裂缝

图 2.3-2　拱腰纵向裂缝

第2章 土建结构常见病害

（2）边墙开裂：在隧道边墙部位出现纵向、斜向、竖向（环向）或网状裂缝，见图 2.3-3 ~ 图 2.3-6。

图 2.3-3 边墙纵向裂缝

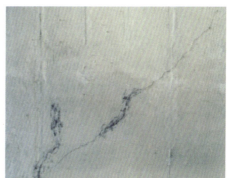

图 2.3-4 边墙斜向裂缝

图 2.3-5 边墙竖向（环向）裂缝

图 2.3-6　边墙网状裂缝

（3）间歇裂缝：在混凝土浇筑过程中，由于混凝土没有连续浇筑，间歇时间过长而形成的裂缝，见图 2.3-7、图 2.3-8。

图 2.3-7　拱腰混凝土间歇浇筑裂缝

图 2.3-8　拱顶混凝土间歇浇筑裂缝

2.4 衬砌破损

（1）衬砌内纵向埋设预埋管线，削弱结构截面强度，引起混凝土破损，见图2.4-1。

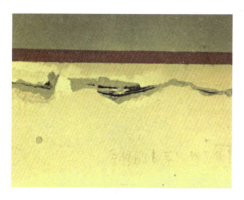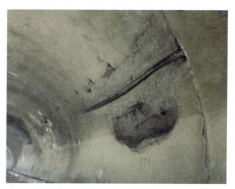

图2.4-1　纵向预埋管线引起的破损

（2）衬砌内环向施工缝止水带埋设位置偏差，引起混凝土局部破损，见图2.4-2。

图2.4-2　环向预埋止水带引起的破损

（3）衬砌裂缝错台：衬砌结构承载能力不足，受力后产生裂缝错台，见图2.4-3。

（4）衬砌崩裂：衬砌结构承载能力不足，受力后产生衬砌崩裂，见图2.4-4。

图 2.4-3 衬砌裂缝错台

图 2.4-4 衬砌崩裂

(5) 衬砌混凝土劣化：因地下水腐蚀，产生衬砌混凝土劣化，见图 2.4-5。

图 2.4-5 混凝土腐蚀劣化

（6）衬砌掉块：因衬砌结构厚度不足、强度不够或防水板侵入结构等，导致掉块，见图2.4-6。

图2.4-6　衬砌混凝土掉块

（7）高压水引起的衬砌破裂：暴雨引起地下水聚集、压力增高，导致衬砌破裂，见图2.4-7。

图2.4-7　高压水引起的衬砌破裂

（8）冻胀引起衬砌掉块：衬砌背后地下水结冰、冻胀，引起衬砌掉块，见图2.4-8。

图 2.4-8　冻胀引起衬砌掉块

2.5　衬砌渗漏水

（1）衬砌纵向施工缝或裂缝渗水，见图 2.5-1。

图 2.5-1　衬砌纵向裂缝渗水

（2）衬砌环向施工缝渗水，见图 2.5-2。

图 2.5-2　衬砌环向施工缝渗水

（3）衬砌混凝土不密实，出现面渗，见图2.5-3。

图2.5-3　混凝土面渗

（4）衬砌局部点渗水，见图2.5-4。

图2.5-4　衬砌局部点渗水

（5）设备箱洞渗水，见图2.5-5。

图2.5-5　设备箱洞渗水

2.6 结冰

（1）衬砌挂冰，见图 2.6-1。

图 2.6-1 衬砌挂冰

（2）电缆沟内结冰，见图 2.6-2。

图 2.6-2 电缆沟内结冰

（3）电缆沟盖板上结冰，见图 2.6-3。

图 2.6-3 电缆沟盖板上结冰

（4）路面结冰，见图 2.6-4。

图 2.6-4　路面结冰

（5）纵向排水管检查井结冰，见图 2.6-5。

图 2.6-5　纵向排水管检查井结冰

2.7　路面渗水、积水

（1）路面冒水，见图 2.7-1。

图 2.7-1　路面冒水

（2）衬砌渗水浸湿路面，见图2.7-2。

图2.7-2　衬砌渗水浸湿路面

（3）极端天气造成洞内涌水，淹没隧道路面，见图2.7-3。

图2.7-3　路面淹没

2.8　路面破损

（1）路面底鼓，见图2.8-1、图2.8-2。

图2.8-1　路面底鼓

图 2.8-2　车行横通道路面底鼓

（2）路面沉陷，见图 2.8-3。

图 2.8-3　路面沉陷

（3）路面开裂，见图 2.8-4。

图 2.8-4　路面开裂

2.9 电缆沟变形、破损

(1) 电缆沟盖板向边墙侧倾斜，见图 2.9-1。

图 2.9-1 电缆沟盖板向边墙侧倾斜

(2) 电缆沟盖板向行车道侧倾斜，见图 2.9-2。

图 2.9-2 电缆沟盖板向行车道侧倾斜

(3) 电缆沟路缘石破坏，见图 2.9-3。

图 2.9-3 电缆沟路缘石破坏

（4）电缆沟路缘石断裂，见图 2.9-4。

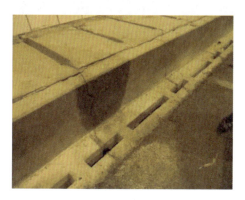

图 2.9-4　电缆沟路缘石断裂

2.10　路侧边沟破损

路侧边沟破损，见图 2.10-1。

图 2.10-1　边沟破损

2.11　内装饰破损

（1）防火喷涂层脱落，见图 2.11-1。

（2）瓷砖起层剥落，见图 2.11-2。

（3）内装饰板破损，见图 2.11-3。

图 2.11-1　防火喷涂层脱落

图 2.11-2　瓷砖起层剥落

图 2.11-3　内装饰板破损

2.12 病害产生的原因

产生上述病害现象的原因比较复杂，不易简单做出准确判断。比如造成衬砌开裂的原因，可能是衬砌结构强度、厚度不足；也可能是混凝土拆模过早、养护不到位；也可能是边墙基础空虚、与仰拱连接不好，基础出现不均匀沉降，甚至两侧边墙基础出现差异沉降；也可能是初期支护没有紧贴围岩，导致围岩松弛，围岩压力增加；也可能是施工时曾发生过塌方，结构承载能力不足；还可能是极端天气导致地下水突然聚积，衬砌受水压力作用等。归结起来，主要有地质、设计、工艺、技术、原材料、施工质量、运营超载、地震和极端天气等原因等。

为此，在分析病害现状基础上，开展必要的专项检测，并在检测结果基础上，正确分析隧道土建结构病害产生原因，是确定隧道病害处治方案的关键。

第3章 土建结构常见质量缺陷

受施工工艺、施工技术、建设管理水平的制约,公路隧道在建设过程中,每一个工序环节都可能出现一些施工质量缺陷。这不仅影响隧道主体结构使用功能和使用寿命,还会影响结构安全甚至导致隧道内运营安全事故。充分认识和了解公路隧道这些质量缺陷,有助于更好地进行隧道养护管理,保证隧道运营安全。

下面就公路隧道常见的施工质量缺陷作一介绍。

3.1 开挖

3.1.1 超挖

超挖是指隧道实际开挖轮廓线超出设计开挖轮廓线的现象,一般允许超挖为 10~15cm。超挖若不进行回填或回填不密实,将会留下衬砌背后空洞、衬砌结构背后约束条件达不到设计要求等质量隐患,见图 3.1-1。

图 3.1-1 隧道拱部与边墙超挖

3.1.2 欠挖

欠挖是指隧道实际开挖轮廓线小于设计开挖轮廓线的现象。由于开挖空间不够,会侵占支护衬砌的空间,导致衬砌厚度不足。图 3.1-2 所示为边墙脚欠挖,图 3.1-3 所示为拱墙欠挖。

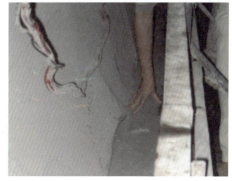

图 3.1-2　边墙脚欠挖

图 3.1-3　拱墙欠挖,衬砌厚度不足

3.1.3　对围岩的过度扰动

隧道开挖爆破时,爆破震动过大,对围岩造成过度扰动,使围岩松弛范围扩大,影响围岩自身稳定。

3.2　初期支护

(1) 围岩开挖后,没有对岩面进行初喷,见图 3.2-1。
(2) 钢架背后混凝土没有喷满,初期支护背后形成空洞,见图 3.2-2。
(3) 初期支护背后掺填片石,导致喷射混凝土不密实,见图 3.2-3。
(4) 喷射混凝土厚度不够,不满足设计要求,见图 3.2-4。

图 3.2-1　岩面没有初喷

图 3.2-2　初期支护背后空洞

图 3.2-3　初期支护背后掺填片石

图 3.2-4　喷射混凝土厚度不够

（5）锚杆有效锚固深度不够。主要表现为锚杆杆体长度不够，见图 3.2-5；锚杆孔深度不够、锚杆外露过长，见图 3.2-6；锚杆砂浆不饱满，见图 3.2-7。

图 3.2-5　锚杆杆体长度不够

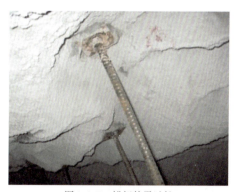
图 3.2-6　锚杆外露过长

图 3.2-7　锚杆砂浆不饱满

（6）锚杆垫板缺失，见图 3.2-8；或锚杆垫板螺母未拧紧，见图 3.2-9。

图 3.2-8　锚杆垫板缺失　　　　　图 3.2-9　锚杆垫板螺母未拧紧

（7）塌方空腔壁面没有进行喷锚防护和有效回填，见图 3.2-10。

图 3.2-10　塌方空腔未进行喷锚防护和有效回填

3.3　模筑混凝土衬砌（二次衬砌）

3.3.1　二次衬砌拱顶空洞

拱顶混凝土浇筑时没有灌满，导致衬砌背后空洞和衬砌厚度不足（图 3.3-1）、钢筋外露（图 3.3-2）。

3.3.2　二次衬砌混凝土厚度不足

隧道欠挖或初期支护侵入净空，导致衬砌厚度不够，见图 3.3-3。

第 3 章　土建结构常见质量缺陷

图 3.3-1　二次衬砌拱顶空洞和厚度不够

图 3.3-2　二次衬砌拱顶钢筋外露

图 3.3-3　衬砌厚度不足

3.3.3 二次衬砌混凝土钢筋定位不准确

因施工钢筋绑扎定位不准或不牢,导致钢筋保护层厚度不够(图3.3-4)、保护层厚度过大(图3.3-5),内外两层钢筋间距过小、甚至形成单侧布筋(图3.3-6),钢筋数量不足等质量缺陷,影响衬砌钢筋作用的发挥。

图 3.3-4　钢筋保护层厚度不够

图 3.3-5　钢筋保护层厚度过大

3.3.4 衬砌混凝土结构夹有防水板

由于防水板焊接不牢或破损,浇筑时混凝土进入到防水板背后,将防水板夹入衬砌混凝土以内(图3.3-7),破坏了混凝土衬砌的整体性,削弱了衬砌的承载能力,甚至诱发隧道运营中混凝土掉块。

图 3.3-6　内外两层钢筋间距过小,形成单侧布筋

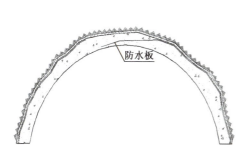

图 3.3-7　衬砌混凝土夹有防水板

3.3.5　二次衬砌混凝土先浇矮边墙

一些隧道施工时,模板台车的边墙模板没有到底,在混凝土衬砌浇筑前先浇矮边墙,导致边墙衬砌电缆沟顶面高程位置形成一道纵向施工缝(图 3.3-8),同时也容易造成边墙脚衬砌实际厚度不够(图 3.3-9),这对隧道衬砌结构的承载力带来不利影响。

3.3.6　边墙脚背后纵向排水盲沟侵占衬砌空间

由于隧道开挖时,在边墙脚没有留足纵向排水管安放位置,纵向排水盲沟侵占边墙脚衬砌空间,导致衬砌厚度不够,见图 3.3-10。

图 3.3-8　先浇矮边墙形成纵向施工缝

 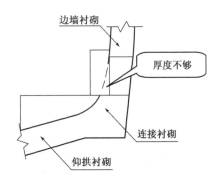

图 3.3-9　边墙脚衬砌厚度不够（虚线为设计厚度线）

 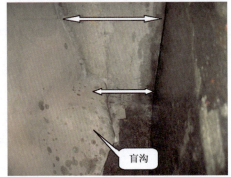

图 3.3-10　纵向排水盲沟侵占衬砌空间

3.4 仰拱衬砌

（1）仰拱开挖深度不够，拱弧曲线不满足设计要求，见图3.4-1。

图3.4-1　仰拱开挖深度与弧度不够

（2）仰拱两隅混凝土浇筑不规整或不密实，不能保证仰拱与边墙有效连接，见图3.4-2。

图3.4-2　仰拱与边墙连接座（两隅）混凝土浇筑不规整或不密实

（3）仰拱衬砌混凝土不成形，不满足设计要求。

混凝土浇筑流动性大，由于没有使用外模，使仰拱衬砌形成中间厚、两侧薄的月牙状，造成与拱墙连接薄弱，不能有效传力，见图3.4-3。

（4）仰拱回填虚渣。仰拱及仰拱填充要求采用混凝土或片石混凝土，实际施工中却有采用洞渣填筑的现象，导致隧道运营过程中路面沉陷和开裂，见图3.4-4。

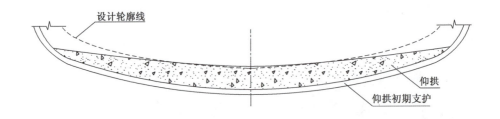

图 3.4-3　仰拱形成月牙状

图 3.4-4　仰拱底部回填虚渣

（5）仰拱填充采用片石混凝土时，所采用的片石粒径过大、间距过小，导致混凝土密实度和承载能力不足，见图 3.4-5。

图 3.4-5　片石混凝土中掺片石超标、超量

3.5 底板

隧道底板处垫层以下超挖部分，没有按要求采用混凝土回填或片石混凝土回填，而是采用洞渣回填，形成松散回填层，导致隧道运营中路面隆起、沉陷、开裂、断板，见图3.5-1。

图 3.5-1　隧道路面底采用洞渣回填

3.6 防排水

（1）防水板铺挂基面平整度不符合要求。喷射混凝土表面平整度差、锚杆头和钢筋头外露没有割除，导致防水板在铺挂和二次模筑混凝土衬砌浇筑过程中被扯破或刺破，防水失效，见图3.6-1。

（a）防水板铺挂前未实施喷射混凝土　　　　（b）喷射混凝土表面平整度差

图　3.6-1

（c）防水层铺挂前锚杆头未割除

图 3.6-1　防水板铺挂基面不符合要求

（2）防水板铺挂松弛度掌握不好。防水板铺挂过紧，形成弦绷，或者铺挂过松，形成褶皱，都会侵入衬砌结构空间，影响衬砌厚度，见图 3.6-2。

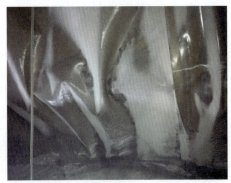

图 3.6-2　防水板松弛度过大

（3）防水板假焊和漏焊。防水板搭接焊接不牢、焊接宽度不够，或者防水板焊接（黏结）不牢，焊缝脱落，都会导致防水层失效。

（4）防水板破损。防水板在铺设过程中被刺破（图 3.6-3）、在衬砌钢筋绑扎焊接时被烫伤（图 3.6-4），引起防水层失效。

（5）没有铺设无纺布，或仅部分铺设无纺布，见图 3.6-5。

（6）纵向排水盲沟没有采用无纺布包裹（图 3.6-6），混凝土浇筑时，排水盲管渗水孔和排水管容易被混凝土堵塞。

第 3 章　土建结构常见质量缺陷

图 3.6-3　防水板被刺破

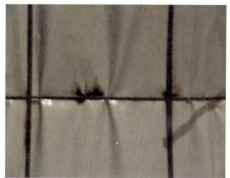

图 3.6-4　防水板被烫伤

（a）未铺无纺布

（b）无纺布未铺满

图 3.6-5　未按设计铺设无纺布

图 3.6-6　纵向排水盲沟没有采用无纺布包裹

(7) 施工缝止水条没有采用骑缝嵌槽安装（图 3.6-7），达不到止水条止水构造要求。

图 3.6-7　止水条没有采用骑缝嵌槽安装

(8) 施工缝中埋式止水带未按设计要求垂直于施工缝安设（图 3.6-8），止水带外露部分不能浇筑到下一模后浇混凝土中，起不到止水作用。

图 3.6-8　施工缝中埋式止水带安装错误

(9) 圆形中心排水沟周边未按要求采用滤水碎石回填，而是随意采用洞渣回填或混凝土回填（图 3.6-9），起不到过滤和排水作用。

图 3.6-9　圆形中心排水沟周边用土石或混凝土回填

(10) 中心排水沟堵塞、错位，见图3.6-10、图3.6-11。

图3.6-10　中心排水沟堵塞　　　　　　图3.6-11　中心排水沟错位

第4章 土建结构养护

公路隧道运营是一个长期的过程。隧道建成投入使用后，要承受各种荷载、自然因素（如：暴雨、洪水、冰雪、冰融、风沙、地震等）的作用，加之环境腐蚀、正常使用磨损、人为因素的破坏以及修建设时遗留的质量缺陷等，都将导致隧道使用功能不断退化，影响其使用安全和服务水平。因此，必须对隧道进行养护，及时修复隧道及运营设施的破坏部分，从而延长隧道使用寿命并保障驾乘人员安全、舒适地使用隧道。

公路隧道养护监管单位及养管单位应根据规范及相关制度要求，设立隧道土建养护工程师，组织开展各项工作。各级隧道土建养护工程师职责可参考附录一制定。

按《公路隧道养护技术规范》（JTG H12—2015），公路隧道养护等级是根据公路等级、隧道长度和交通量大小，分为3个养护等级，见表4.0-1、表4.0-2。通过养护等级的划分，可以起到合理配备养护资源的作用。

高速公路、一级公路隧道养护等级分级表　　　　表4.0-1

单车道年平均日交通量 [pcu/(d·ln)]	隧道长度（m）			
	$L>3000$	$1000<L\leqslant3000$	$500<L\leqslant1000$	$L\leqslant500$
≥10001	一级	一级	一级	二级
5001~10000	一级	一级	二级	二级
≤5000	一级	二级	二级	三级

二级及二级以下公路隧道养护等级分级表　　　　表4.0-2

年平均日均交通量（pcu/d）	隧道长度（m）			
	$L>3000$	$1000<L\leqslant3000$	$500<L\leqslant1000$	$L\leqslant500$
≥10001	一级	二级	二级	三级
5001~10000	二级	二级	三级	三级
≤5000	二级	三级	三级	三级

其中：

一级养护——养护频率和要求最高，配备的养护资源和技术力量最强；

二级养护——养护频率和要求次之，配备的养护资源和技术力量少于一级、高于三级；

三级养护——养护频率和要求一般，配备的养护资源和技术力量一般。

公路隧道养护工作具有经常性、及时性、周期性等特点。隧道养管单位应根据隧道养护等级，制订不同隧道的清洁维护、结构检查等工作频率，并形成具体的养护计划。

4.1 土建结构养护工作的内容

公路隧道土建结构是指构成公路隧道的洞门、洞身衬砌、检修道、路缘石、路面、防排水设施、斜（竖）井和风道结构，以及隧道洞口边仰坡等。

公路隧道土建结构的养护工作包括日常巡查、清洁、衬砌结构检查与技术状况评定、保养维修和病害处治等内容。

本章简要介绍土建结构日常巡查及清洁相关内容，衬砌结构检查与技术状况评定、保养维修和病害处治等内容详见本书第5～7章。

4.2 日常巡查

日常巡查主要是指针对公路隧道正常使用和安全通行所进行的日常巡视检查工作，目的是确认隧道洞口、衬砌、路面是否处于正常工作状态，是否有妨碍交通安全的异常现象。

4.2.1 巡查频率

日常巡查不宜少于1次/日，在雨季、冰冻季节和出现极端天气情况时，应增加日常巡查频率。

4.2.2 巡查方法

可单独开展，也可与路段日常巡查一起开展；可采用车行或步行方式进行。

在日常巡查时，要特别注意对可能发生异常的隧道，如存在较高边、仰坡的隧道洞口，地质条件复杂、不良地质现象突出的隧道，岩溶区隧道，土建结构技术状况为3类及以上的隧道等进行检查。

采用车行方式进行巡查（图4.2-1）时，应控制车速，以达到发现结构与设施设备异常的目的。有条件时，可在车顶加装加强照明灯具，便于发现隧道拱部问题。

图4.2-1　采用车行方式进行隧道日常巡查

4.2.3　巡查记录

日常巡查记录方式以文字为主，并配合照片或摄像辅助记录。

日常巡查中发现有异常时，应及时清除，不能及时清除的应及时报告、做好标记或安放警示牌，并做好记录。记录表格式可参考附录二。

日常巡查记录是日常巡查工作的成果及发生责任事故时的重要证据，应按要求填写，并按规定保存。

4.3　清洁

隧道清洁工作的好坏，不仅影响隧道照明、通风效果，还会影响交通安全设施的辨识度和驾乘人员对隧道的使用满意度，是隧道养护管理的重要工作。因此，应对清洁实施频率及效果进行检查，确保达到规范要求。

隧道清洁包括对隧道内路面、衬砌结构表面（侧墙、顶板、内装饰、洞门）、标志标线及轮廓标、辅助通道（斜井、竖井、风道）、横通道等的清洁工作。

4.3.1 清洁频率

每座隧道的清洁频率按隧道养护等级、交通组成、结构物脏污程度、清洁方式、环境条件等因素确定，但不应低于现行《公路隧道养护技术规范》规定的最低频率，具体见表 4.3-1、表 4.3-2。

高速公路、一级公路隧道清洁维护频率　　　　表 4.3-1

清洁项目	养护等级		
	一级	二级	三级
路面	1 次/日	2 次/周	1 次/旬
内装饰、检修道、横通道、标志标线、诱导灯和轮廓标	1 次/月	1 次/2 月	1 次/季度
排水设施	1 次/季度	1 次/半年	1 次/半年
顶板	1 次/半年	1 次/年	1 次/2 年
斜井	1 次/半年	1 次/年	1 次/2 年
侧墙、洞门	1 次/2 月	1 次/季度	1 次/半年

二级及二级以下公路隧道清洁维护频率　　　　表 4.3-2

清洁项目	养护等级		
	一级	二级	三级
路面	1 次/周	1 次/半月	1 次/月
内装饰、侧墙、检修道、横通道、标志标线、诱导灯和轮廓标	1 次/季度	1 次/半年	1 次/年
排水设施	1 次/半年	1 次/年	1 次/年
顶板	1 次/年	1 次/2 年	1 次/3 年
斜井	1 次/年	1 次/2 年	1 次/3 年

4.3.2 清洁要求与方法

1）路面清洁

隧道路面应保持干净、整洁，无垃圾和杂物。图 4.3-1 为路面干净、无杂物情况；图 4.3-2 为路面有垃圾或杂物，应立即清理。

高速公路和一级公路以机械清扫为主（图 4.3-3），其他等级公路可采用机械和人工相结合进行清扫（图 4.3-4）。清扫时，应采取措施，减少扬尘的产生。

图 4.3-1　路面干净无杂物

图 4.3-2　路面有垃圾或杂物

图 4.3-3　机械清扫

第4章 土建结构养护

图 4.3-4　机械和人工相结合进行清扫

当路面被油类物质或其他化学品沾污时，应及时采用如高压水冲洗、沙土吸附、药剂稀释清除等措施进行清理，见图 4.3-5。

图 4.3-5　路面油污及化学品的清除

2）洞内边沟清洁

隧道内路侧边沟要保持水流通畅、不淤积、不积水，无垃圾存留和沉淀物沉积等。图 4.3-6 为边沟干净无杂物；图 4.3-7 为边沟有垃圾堆积，应适时清理。

（1）边沟、沉沙池沉积的垃圾、泥沙（图 4.3-8）应采用人工清理或高压水冲洗。

（2）地下水含杂质的可溶岩区隧道，汛前应排查边沟有无沉淀物、垃圾、杂物堵塞现象，并进行疏通；汛中应加强巡查、疏导排水；汛后应及时清理疏通边沟。

图4.3-6 边沟干净通畅

图4.3-7 边沟有垃圾堆积

图4.3-8 边沟泄水口和沉沙池垃圾

3）电缆沟清洁

电缆沟应保持水流通畅、不淤积、不积水，无垃圾存留和沉淀物沉积等。对电缆沟内的垃圾、积水（图4.3-9）应定期进行清理。与洞内边沟清洁一样，对处于岩溶地区的隧道，遭遇极端天气后应及时检查、清理疏通。

4）衬砌预留洞室垃圾清洁

隧道衬砌预留洞室内沉积垃圾（图4.3-10）应定期进行清理。

5）洞外边沟清洁

洞外边沟不应有积水和淤积，保持水流畅通，应及时采用人工或机械清除聚积在边沟内的垃圾和边坡的碎落物。

图 4.3-9 电缆沟内垃圾、积水

图 4.3-10 衬砌预留洞室内垃圾

6) 中心排水沟清洁

地下水含杂质的可溶岩区隧道，可能出现杂物及结晶物沉积堵塞中心排水沟的情况（图 4.3-11），可按需开展中心排水沟（深埋水沟）专项检测工作，并根据检测结果采用专用设备进行清洁、疏通。

冰冻季节，应加强中心排水沟排水口处的清洁频率，防止出现中心排水沟及出水口冰冻而引起隧道排水不畅，并导致隧道严重冻害的事故发生（图 4.3-12）。

7) 隧道内衬砌表面清洁

隧道内侧墙及拱部清洁，主要以水清洗为主，有条件的地区或特殊隧道的局部区域可采用干法清洁。

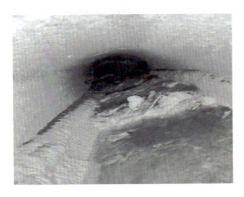

图 4.3-11　中心排水沟被沉积物堵塞　　　　图 4.3-12　中心排水沟出口结冰堵塞

采用高压水清洗时,应注意对机电设施的保护,防止水进入设备内,引起设备锈蚀或损坏。如有难以清除的油污、污垢的局部区域,可适量添加清洁剂,但应选用对洞内设备、设施及混凝土无腐蚀作用的中性清洁剂,并在清洁完成后,用清洁水再予以清洗。当清洗水可能导致路面结冰时,应慎用。

采用干法清洁时,应避免损伤内装饰、隧道内机电设施,同时应采取必要的降尘、吸尘措施。

(1) 隧道侧墙清洁

隧道侧墙水清洗一般采用机械清洗或人工清洗。图 4.3-13 为机械清洁隧道侧墙;图 4.3-14 为机械和人工辅助清洗隧道侧墙。

图 4.3-13　机械清洗隧道侧墙

图 4.3-14　机械和人工辅助清洁隧道侧墙

（2）隧道拱部清洁

相比侧墙而言，隧道拱部各种吊挂设施较多，清洁作业不便，清洁难度较大，需要时可采用高压水清洗。

8）横通道清洁

横通道是救援和驾乘人员通行和逃生的通道，应保持整洁、畅通（图4.3-15）。通道内如有垃圾、积水（图 4.3-16）或堆积物障碍（图4.3-17），应及时进行清理。

图 4.3-15　横通道整洁、畅通

9）标志、标线、诱导灯和轮廓标清洁

要保持标志、标线、轮廓标清晰、醒目。当标志牌面、路面标线或诱导灯表面有污秽、灰尘，影响驾乘人员辨认时，要及时进行清洗、擦洗干净（图4.3-18、图4.3-19）。

（a）人行横通道　　　　　　　　　　　（b）车行横通道

图 4.3-16　横通道内有垃圾、积水

图 4.3-17　通道内存放物品，形成障碍

图 4.3-18　标志、标线、诱导灯和轮廓标应保持清洁

图 4.3-19　指示标记应清晰

4.3.3　清洁记录

隧道清洁记录是养护工作的证明,应如实填写并保存。记录表格式可参考附录三。

第 5 章 土建结构检查

隧道土建结构在建设过程中可能存在质量缺陷，在运营过程中因周边围岩约束条件的改变、围岩条件恶化、地下水侵蚀，以及行车振动等因素影响，会逐渐产生各种病害。这些病害的存在，一方面影响隧道主体结构使用寿命，另一方面也可能导致危及隧道运营安全的事故发生。因此，对隧道土建结构进行检查，掌握土建结构的工作状态、安全性能及其发展变化十分必要。

5.1 检查分类

根据《公路隧道养护技术规范》（JTG H12—2015），隧道土建结构检查分为经常检查、定期检查、应急检查和专项检查。

（1）经常检查：是指对土建结构的外观技术状况进行的一般性定性检查。

（2）定期检查：是指按规定周期对土建结构技术状况进行的全面检查。

（3）应急检查：是指在隧道遭遇自然灾害、发生交通事故或出现其他异常事件后，查明土建结构的缺损、采取相应的应急措施，对遭受影响的结构进行的详细检查。

（4）专项检查：是指根据经常检查、定期检查和应急检查的结果，或者通过其他途径检查的结果，对需要进一步查明缺损或病害详细情况的隧道，而进行的更深入的专门检测、分析等工作。

隧道各项检查的工作流程见图 5.1-1。

第 5 章 土建结构检查

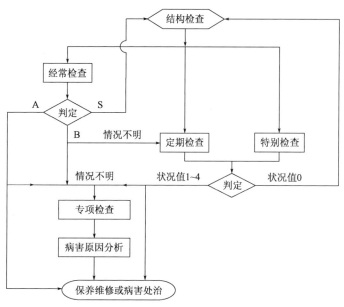

注：S-情况正常；B-一般异常；A-严重异常。

图 5.1-1 隧道土建结构检查工作流程

5.2 检查频率

隧道结构检查频率应不低于表 5.2-1 的规定。

公路隧道结构检查频率表 表 5.2-1

检查分类	养 护 等 级		
	一 级	二 级	三 级
经常检查	1 次/月	1 次/2 月	1 次/季度
定期检查	新建隧道应在交付使用 1 年后进行 1 次，此后宜 1 次/年，最长不超过 3 年 1 次		
应急检查	按需，不定期		
专项检查	按需，不定期		

围岩条件好且经常检查发现问题少的隧道，或前次定期检查技术状况好的隧道，其定期检查频率可适当降低，但不超过 3 年 1 次。

5.3 检查方法

5.3.1 经常检查

经常检查，其目的是要了解隧道土建结构的现有状态，及时发现隧道内新出现的问题、老的问题是否发生变化。当经常检查中发现隧道有异常变化时，应做好标记，提出进一步监视、观测的计划，或提出进一步检查的建议和要求；当经常检查中发现存在围岩稳定、结构安全、危及行人及行车安全的情况时，应立即采取隔离、封闭等紧急措施，利用随身携带的工具、设备进行临时处治，并及时报告。

1）检查方法

采用目测方法，通过沿隧道检修道步行，配合以简单的检查工具［如强光手电、（皮）卷尺、粉笔（油性笔）、铁锤、相机等］进行。

通常在进行经常检查时，洞内交通也在正常进行，这使得经常检查存在一定作业安全问题。因此，检查人员作业时，应做好安全防护工作，注意安全着装，如戴安全帽、穿反光背心、配强光手电等，同时要求至少两人一起检查，一人负责记录（填写记录表并在相关部位标记，照相等），另一人检测、查看、做标记及安全警示，如图 5.3-1 所示。

图 5.3-1 经常检查标记示例

进行经常检查时，应沿一侧检修道步行先检查完隧道的一侧，再以相同方式检测隧道的另一侧。不得在隧道内反复横穿行车道，以免发生交通

第 5 章　土建结构检查

事故。

2）检查内容及判定标准

经常检查的内容与判定标准见表 5.3-1。

经常检查内容和判定标准　　　　　　表 5.3-1

分项名称	检查内容	判定描述	
		一般异常	严重异常
洞口	边（仰）坡有无危石、积水、积雪；洞口有无挂冰；边沟有无淤塞、构造物有无开裂、倾斜、沉陷等	存在落石、积水、积雪隐患；洞口局部挂冰；构造物局部开裂、倾斜、沉陷，有妨碍交通的可能	坡顶落石、积水漫流或积雪崩塌；洞口排水掉落路面；构造物因开裂、倾斜或沉陷而致剥落或失稳；边沟淤塞，已妨碍交通
洞门	结构开裂、倾斜、沉陷、错台、起层、剥落；渗漏水（挂冰）	侧墙出现起层、剥落；存在渗漏水或冰冻，尚未妨碍交通	拱部及其附近部位出现剥落；存在喷水或挂冰等，已妨碍交通
衬砌	结构裂缝、错台、起层、剥落	衬砌起层，且侧壁出现剥落状况，尚未妨碍交通，将来可能构成危害	衬砌起层，且拱部出现剥落状况，已妨碍交通，并有继续恶化的可能
	渗漏水	存在渗漏水，尚未妨碍交通	大面积渗漏水，已妨碍交通
	挂冰、冰柱	存在结冰现象，尚未妨碍交通	拱部挂冰，形成冰柱，已妨碍交通
路面	落物、油污、滞水或结冰；路面拱起、坑槽、开裂、错台等	存在落物、滞水、结冰、裂缝等，尚未妨碍交通	拱部落物，存在大面积路面滞水、结冰或裂缝，已妨碍交通
检修道	结构破损；盖板缺损；栏杆变形、损坏	栏杆变形、损坏；道板缺损；结构破损，尚未妨碍交通	栏杆局部毁坏或侵入建筑限界；道路结构破损，已妨碍交通
排水设施	缺损、堵塞、积水、结冰	存在缺损、积水或结冰，尚未妨碍交通	沟管堵塞，积水漫流、结冰，设施缺损严重，已妨碍交通
吊顶及各种预埋件	变形、缺损、漏水（挂冰）	存在缺损、漏水，尚未妨碍交通	缺损严重，或从吊顶板漏水严重，已妨碍交通
内装饰	脏污、变形、缺损	存在缺损，尚未妨碍交通	缺损严重，已妨碍交通
标志、标线、轮廓标	是否完好	存在脏污、部分缺失，可能会影响交通安全	基本缺失或严重缺失，影响行车安全

3) 检查记录

检查时要填写"公路隧道经常检查记录",翔实记述检查的项目、检查时间、存在的缺损类型,估计缺损范围和危害程度,对缺损状况判定分类,并提出相应的养护措施和处治工作量。本书根据规范要求,提供了便于使用的记录表格式,参见附录四。

4) 报告内容

通过经常检查,应得到隧道土建结构的工作现状、缺陷或破损状况,提交检查报告,报告样式参见附录五。报告中,应特别注意附上各种异常状况的现场实录照片资料。

5.3.2 定期检查

通过定期检查,要系统掌握结构技术现状,对比每次定期检测记录,掌握病害发展状况,分析病害发展趋势、评定隧道结构技术状况,为制订养护工作计划提供依据。

1) 检查方法

采用必要的检查工具和设备,进行目测和量测检查。检查时,应尽量靠近结构,依次检查各个结构部位,注意发现异常情况和原有异常情况的发展变化;对有异常情况的结构,应在其适当位置做出标记。

检查工具与设备包括:

尺寸测量——卷尺、游标卡尺、水准仪、激光断面仪等;

裂缝检查——带刻度的放大镜、宽度测定尺、测针、标线、裂缝测宽、测深仪等;

照明器具——卤素灯或强光手电筒;

记录工具——隧道展布图纸、记录本、照相机或摄像机;

升降设备——可移动台架、升降台车(图 5.3-2、图 5.3-3 所示为隧道拱部病害检查);

交通控制标志牌、板、锥桶等。

为了做好定期检查工作,隧道一般要求采用封洞或封车道进行定期检查。因此,定期检查在时间安排上,宜与隧道内设施设备检修、清洁维护、

第 5 章　土建结构检查

结构养护维修等同时安排,以减少封道、封洞时间,确保交通畅通。

图 5.3-2　采用辅助照明设备及高空作业车　　　图 5.3-3　采用升降台车及强光手电筒
　　　　　人工观察记录隧道拱部病害　　　　　　　　　　人工观察记录隧道拱部病害

在条件允许时,可采用车载式隧道激光扫描仪或高清视频摄像设备进行定期检查(图 5.3-4、图 5.3-5),能最大程度提高检测精度,减少检查用时和对正常通行的干扰。

(a) 扫描检测中　　　　　　　　　　(b) 三维(红外)扫描成果

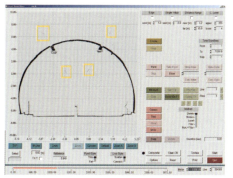 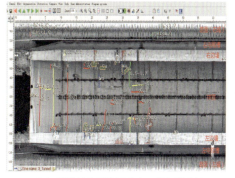

(c) 全隧道横断面扫描成果分析　　　　(d) 隧道衬砌及路面病害二维扫描成果

图 5.3-4　车载式隧道三维激光扫描仪工作及成果

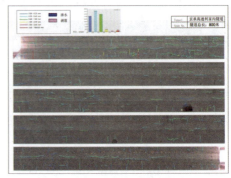

(a）检测中　　　　　　　　　　　（b）成果汇总分析图

图 5.3-5　车载式隧道高清视频摄像设备工作及成果

2）检测内容与判定标准

（1）检测内容

定期检查的内容如表 5.3-2 所示。

定 期 检 查 内 容　　　　　　表 5.3-2

分项名称	检查内容
洞口	山体滑坡、岩石崩塌的征兆及其发展趋势；边坡、碎落台、护坡道的缺口、冲沟、潜流涌水、沉陷、塌落等及其发展趋势
	护坡、挡土墙的裂缝、断缝、倾斜、鼓肚、滑动、下沉的位置、范围及其程度，有无表面风化、泄水孔堵塞、墙后积水、地基错台、空隙等现象及其程度
洞门	墙身裂缝的位置、宽度、长度、范围或程度
	结构倾斜、沉陷、断裂范围、变位量、发展趋势
	洞门与洞身连接处环向裂缝开展情况、外倾趋势
	混凝土起层、剥落的范围和深度，钢筋有无外露、受到锈蚀
	墙背填料流失范围和程度
衬砌	衬砌裂缝的位置、宽度、长度、范围或程度，墙身施工缝开裂宽度、错位量
	衬砌表层起层、剥落的范围和深度
	衬砌厚度、衬砌及仰拱后的空洞位置和大小
	衬砌渗漏水的位置、水量、浑浊、冻结状况
路面	路面拱起、沉陷、错台、开裂、溜滑的范围和程度；路面积水、结冰等范围和程度

续上表

分项名称	检查内容
检修道	检修道毁坏、盖板缺损的位置和状况；栏杆变形、锈蚀、缺损等的位置和状况
排水系统	结构缺损程度、中央窨井盖、边沟盖板等完好程度，沟管开裂漏水状况；排水沟（管）、积水井等淤积堵塞、沉沙、滞水、结冰等状况
吊顶及各种预埋件	吊顶板变形、缺损的位置和程度；吊杆等预埋件是否完好、有无锈蚀、脱落等危及安全的现象及其程度；漏水（挂冰）范围及程度
内装饰	表面脏污、缺损的范围和程度；装饰板变形、缺损的范围和程度等
标志、标线、轮廓标	外观缺损、表面脏污状况，连接件牢固状况，光度是否满足要求等

（2）判定标准

土建结构技术状况评定，是先逐洞、逐段地对隧道土建结构各分项进行状况评定，再汇总评定隧道结构技术状况。

隧道洞口、洞门、衬砌结构、衬砌渗漏水、路面、检修道、边沟、导水管、泄水孔、吊顶、内装饰、交通标志标线等各分项状况评定标准，应按《公路隧道养护技术规范》（JTG H12—2015）附录 B 表 B-1 ~ 表 B-10 执行，参见本书附录六。

各分项技术状况评定标准也可参见表 5.3-3。

土建结构技术状况评定标准表　　　表 5.3-3

分项状况值	评定因素			
	缺损程度	发展趋势	对行人车辆的安全影响	对隧道结构的安全影响
0	无或非常轻微	无	无影响	无影响
1	轻微	趋于稳定	目前尚无影响	目前尚无影响
2	中等	较慢	将来会影响行人车辆安全	将来会影响隧道结构安全
3	较严重	较快	已妨害行人车辆安全	已影响隧道结构安全
4	严重	迅速	严重影响行人车辆安全	严重影响隧道结构安全

根据各分项技术状况值 $JGCI_i$（值域 0 ~ 4），采用式（5.3-1）计算隧道土建结构技术状况评分 $JGCI$：

$$JGCI = 100 \times \left[1 - \frac{1}{4} \sum_{i=1}^{n} \left(JGCI_i \times \frac{w_i}{\sum_{i=1}^{n} w_i} \right) \right] \qquad (5.3\text{-}1)$$

式中：w_i——分项权重。

无论被检隧道单洞分多少段进行检查评定，$JGCI_i$ 为该分项技术状况值的最大值。

隧道土建结构各分项目权重 w_i 按表5.3-4取值。

土建结构各分项权重表　　　　　　　　　表5.3-4

分项名称	分项权重 w_i	分项名称	分项权重 w_i
洞口	15	检修道	2
洞门	5	排水设施	6
衬砌破损	40	吊顶及预埋件	10
衬砌渗漏水		内装	2
路面	15	交通标志、标线	5

应注意的是： 隧道衬砌破损与渗漏水两分项共计40的权重，即这两个分项在参与计算时，只计算技术状况值高的一项，而不是采用平均值或其他方式计算。

隧道土建结构技术状况值计算出来后，按表5.3-5进行被检测隧道的技术状况等级评定。

土建结构技术状况等级界限值　　　　　　表5.3-5

技术状况评分	土建结构技术状况评定分类				
	1类	2类	3类	4类	5类
$JGCI$	≥85	≥70，<85	≥55，<70	≥40，<55	<40

特别注意：

①当洞口、洞门、衬砌结构、路面、吊顶和预埋件等重要项目的评定状况达到3或4时，该隧道技术状况应直接评为4类或5类。

②在公路隧道技术状况评价中，有表5.3-6所列情况之一时，隧道土建结构技术状况评定应直接评为5类。

应直接评为5类隧道的特殊情况　　　　　表5.3-6

分项名称	特殊情况描述
洞口	洞口边仰坡不稳定，出现严重的边坡滑动、落石等现象
洞门	洞门结构大范围开裂、砌体断裂、脱落现象严重，可能危及行车道内的通行安全

续上表

分项名称	特殊情况描述
衬砌	拱部衬砌出现大范围开裂、结构性裂缝深度贯穿衬砌混凝土
	衬砌结构发生明显的永久变形,且有危及结构安全和行车安全的趋势
渗漏水	地下水大规模涌流、喷射,路面出现涌泥沙或大面积严重积水等威胁交通安全的现象
路面	隧道路面发生严重隆起,路面板严重错台、断裂,严重影响行车安全
吊顶及预埋件	隧道洞顶各种预埋件和悬吊件严重锈蚀或断裂,各种桥架和挂件出现严重变形或脱落

对评定划定的各类隧道土建结构,按表 5.3-7 采取不同的养护措施。

隧道不同技术状况的养护措施 表 5.3-7

技术状况	养护措施
1 类	进行正常养护
2 类	按需进行保养维修
3 类	局部实施病害处治
4 类	进行交通管制,尽快实施病害处治
5 类	及时关闭隧道,然后实施病害处治

注:交通管制是指出于某种安全方面的原因,对于部分或者全部交通路段的车辆和人员通行进行的交通疏导和控制。

3) 检查记录

定期检查应绘制隧道病害展布图,正确标记隧道衬砌内表面所有的病害类型、参数、坐标位置。人工绘制隧道病害展布图时,通常采用平面坐标系展示,准确标注施工缝位置,明确区分隧道施工缝和缺陷裂缝,详见附录七。除衬砌病害展布图外,路面及检修道病害也应绘制类似病害展布图。病害展布图须有统一的图例。

相比于人工记录,(高清)摄像和三维激光扫描记录等能更客观、更准确地记录病害的实际状况,同时能进行不同时间检测结果的精确对比分析,有助于准确判定结构技术状况,应积极推广采用。

4) 报告内容

定期检查完成后,应提交定期检查报告,报告内容格式可参见附录八。报告中,应附各种异常状况的现场照片资料。

5.3.3 应急检查

应急检查的检查方法、检查内容及判定标准，与定期检查完全一致，报告内容与格式也与定期检查相同。它是在隧道遭受自然灾害、发生危害土建结构的异常事件后启动，目的是为了及时掌握危害事件后隧道的技术状况。

5.3.4 专项检查

专项检查是根据经常检查、定期检查和应急检查的结果，为更进一步查清隧道病害原因，为病害处治提供科学准确依据而启动的检查。专项检查项目及检查内容见表5.3-8，一般根据需要选取一项或几项。

专项检查项目及内容　　　　　　　　表5.3-8

检查项目		检查内容
结构变形检查	道路线形、高程检查	道路中线位置、路面高度、缘石高度以及纵、横坡度等测量
	隧道横断面检查	隧道横断面测量，周壁位移测量（与相邻或完好断面比较）
	净空变化检查	隧道内壁间距测量（自身变化比较）
裂缝检查	裂缝调查	裂缝的位置、宽度、长度、开展范围或程度等
	裂缝检测	裂缝的发展变化趋势及其速度；裂缝的方向及深度等
漏水检查	漏水调查	漏水的位置、水量、浑浊、冻结及原有防排水系统的状态等
	漏水检测	水温、pH值检查、电导度检测、水质化学分析
	防排水系统	拥堵、破坏情况
材质检查	衬砌强度检查	强度简易测定，钻孔取芯，各种强度试验等
	衬砌表面病害	起层、剥落、蜂窝、麻面、孔洞、露筋等
	混凝土碳化深度检测	采用酚酞液检查混凝土的碳化深度
	钢筋锈蚀检测	采用剔凿检测法、电化学测定法或综合分析判定法
衬砌及围岩状况检查	无损检查	无损检测衬砌厚度、空洞、裂缝和渗漏水等，以及钢筋、钢拱架、衬砌配筋位置及保护层厚度、围岩状况、仰拱充填层密实及其下岩溶发育情况
	钻孔检查	钻孔测定衬砌厚度等，内窥镜观测衬砌及围岩内部状况

续上表

检查项目		检查内容
荷载状况检查	衬砌应力及拱背压力检查	衬砌不同部位的应力及其变化，拱背压力的分布及其变化
	水压力检查	地下水丰富的隧道检查衬砌背后水压力大小、分布及变化规律

常见的几种专项检测项目简介如下：

1）结构变形专项检查

通常采用断面仪，可以方便地测得隧道内净空断面的大小尺寸，以判断隧道衬砌结构或设施设备是否侵入衬砌内轮廓，判断是否存在衬砌疑似变形，见图 5.3-6。

 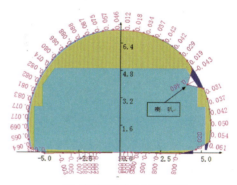

（a）断面仪检测中　　　　（b）某隧道设备侵入建筑限界

图 5.3-6　断面仪检测隧道内空断面

采用衬砌表面布置变形观测点进行长期观测，确定衬砌是否存在变形。

2）裂缝检查

对衬砌裂缝进行检查，设立长期固定监测点，进行长期观测，便于不同时刻监测数据对比，分析裂缝变化情况。常用的裂缝测宽仪、裂缝深度仪及检测示例见图 5.3-7、图 5.3-8。

3）水质检测

检测衬砌背后地下水是否具有侵蚀性。可通过打孔取水样，进行水质化验，取得水质化验报告。

图 5.3-7　裂缝测宽仪及检测示例

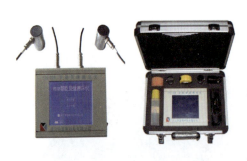

图 5.3-8　隧道裂缝深度仪及检测示例

4）排水系统检查

排水系统的拥堵、破坏情况需要采用管道内窥设备（图 5.3-9）；也可采用具有检测、清洗及导通功能的可行走机器人，进行检测、清理以及检测清理效果，见图 5.3-10、图 5.3-11。

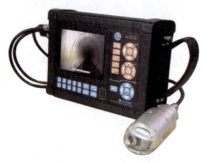

图 5.3-9　普通的管道内窥设备　　　图 5.3-10　可行走 CCTV 管道检测机器人

第 5 章 土建结构检查

（a）设备系统

（b）横向排水管水刀清洗及导通中

（c）检测视频图像

图 5.3-11 公路隧道排水系统检测、清洗及导通多功能机器人

5）衬砌强度检测

（1）回弹仪检测：采用回弹仪或超声回弹仪（图 5.3-12）等设备进行无损检测。回弹法适用于龄期为 1000 天内的衬砌混凝土，超声回弹综合法适用龄期为 2000 天内的衬砌混凝土（各地区一般有不同规定），超过龄期的检测结果仅供参考。

采用回弹法或超声回弹法检测衬砌混凝土强度时，首先要清除或避让衬砌内装层，在裸露的衬砌表面进行检测，见图 5.3-13。

（2）钻孔取芯检测：采用钻孔取芯（图 5.3-14），在试验室对芯样做抗压强度试验来检测混凝土强度。

6）衬砌及围岩状况检查

采用地质雷达设备对衬砌及围岩进行无损检测，也是最常用的无损检测手段,可获得隧道各层支护结构厚度、配筋及钢架数量情况,衬砌背后空洞分布、仰拱充填质量,以及围岩状况、地下水发育状况、岩溶发育状况等大量信息。这些信息是制订衬砌结构病害处治措施最基础的数据。地质雷达设备见图5.3-15,通过地质雷达检测解析出的衬砌厚度等值线色谱图见图5.3-16。

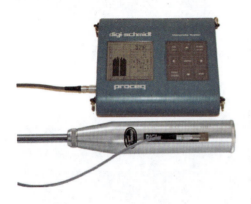

图5.3-12 超声回弹仪

图5.3-13 回弹法检测衬砌强度

图5.3-14 对衬砌混凝土钻孔取芯

通常,进行拱墙衬砌及围岩检查时,两车道隧道宜布设5条测线,三车道隧道宜布设7条测线,见图5.3-17。当需要明确段落病害处治时,可适当增加测线条数,两车道隧道布可设7条测线,三车道隧道可布设9条测线,以便于更准确地探明衬砌结构与围岩状况。

图 5.3-15　地质雷达主机与天线

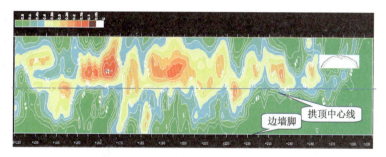

图 5.3-16　无损检测衬砌厚度等值线色谱图

采用地质雷达对隧底进行无损检测时，一般在隧道底部布设 2~5 条测线，见图 5.3-18。需要时，可通过钻孔及内窥镜观测等手段验证地质雷达无损检测结果。

图 5.3-17　地质雷达检测混凝土衬砌　　　　图 5.3-18　地质雷达检测隧底

7）荷载状况检查

衬砌应力及拱背压力检测较少实施。其原因是：一方面，在已完成的衬砌结构上安设应力计、压力盒较难以实施；另一方面，即使能够安设（图5.3-19），也只能测得安设后的变化值，而非结构受力的真实值，仅供参考使用。

衬砌背后水压力可采用在衬砌上打孔至围岩，埋入电子水压力计或外接水压力表等方法（图5.3-20），读取衬砌背后的真实水压力。

图5.3-19　衬砌表面应力计安设示例　　　　图5.3-20　水压力传感器

除了以上介绍的方法外，随着技术发展，目前也出现了利用高清视频、红外探测、无线传输等技术对衬砌结构重点部位进行长期监控的方法，可实时获得衬砌结构裂缝变化、渗漏水变化等信息。

第6章 土建结构保养维修

隧道土建结构保养维修包括经常性或预防性的保养和对轻微缺损的维修，以保持隧道土建结构的正常使用。

6.1 保养维修

公路隧道土建结构保养维修主要工作内容见表6.1-1。

土建结构保养维修主要工作内容 表6.1-1

序号	分项名称	保养维修工作内容
1	洞口、洞门	1. 清除边、仰坡危石与浮土； 2. 保持截排水沟完好畅通； 3. 修复轻微损坏的洞口挡墙、护坡及防雪、减光设施； 4. 修复流失回填土或清除多积坡积物； 5. 修复明洞失效与损坏的防排水层； 6. 维护洞口花草树木； 7. 清除洞口积雪
2	洞身衬砌	1. 清除半山洞内的雨雪杂物及坠落石块，保持边沟畅通； 2. 处理无衬砌隧道松动岩石； 3. 开设泄水孔，将围岩渗漏水导入边沟； 4. 清除挂冰； 5. 清除衬砌起层与剥离； 6. 修补裂缝
3	路面	1. 修复破损路面； 2. 修复、更换检查井盖或其他设施盖板； 3. 清除小面积塌（散）落物； 4. 将渗水引入边沟排出； 5. 清除路面积冰
4	辅助通道	1. 保证车行（人行）横通道畅通清洁； 2. 清除斜（竖）井、风道异物； 3. 对锈蚀的金属导流板、风道吊杆等设施进行防锈蚀处理； 4. 修复轻微破损结构

续上表

序号	分项名称	保养维修工作内容
5	检修道	1. 修复和补充破损、翘曲道板与道壁； 2. 保养护栏，确保其完好、坚固、无锈蚀； 3. 修复缺损护栏
6	排水设施	1. 修复破损和缺失； 2. 疏通堵塞排水管道； 3. 清理淤积物； 4. 清除排水沟内结冰堵塞
7	吊顶、内装饰	1. 修复、更换破损、缺失吊顶与内装饰； 2. 保养预埋件和桥架等，确保其完好、坚固、无锈蚀； 3. 更换缺损预埋件与桥架； 4. 修复破损保温设施
8	标志、标线、轮廓标	1. 修补、更换变形、破损或缺失的标牌； 2. 紧固松动的标志连接构件； 3. 维修损坏的限高、限速设施； 4. 补画破损、脱落标线； 5. 修复、补换损坏、缺失的轮廓标

土建结构保养维修工作部分实例简述如下。

6.1.1 洞口、洞门

（1）边、仰坡危石、浮土应及时清除、修整，见图6.1-1。

图6.1-1 清除边、仰坡危石与浮土

（2）洞顶排水沟和边、仰坡坡顶截水沟应保持完好、畅通。应经常清理沟内泥沙沉积物、碎落堆积物以及杂草（图6.1-2），发现沟壁、沟底损坏要及时修复，洪水期间出现满流现象时，要及时进行改造。

图 6.1-2　清理截、排水沟阻塞物及杂草

（3）洞门墙应保持坚固、耐用、完好。洞门墙出现倾斜、移位、下沉、表面鼓胀、损坏时，应视情况进行维修（图 6.1-3）。一般情况下时，墙体下沉超过 2cm、开裂大于 1cm、墙体腐蚀剥落应进行维修。

图 6.1-3　洞门墙开裂、损坏

（4）洞门墙装饰层脱落（图 6.1-4）应及时清除和维修。

（5）遮光棚（图 6.1-5）等防雪、减光设施损坏应及时维修。

（6）边、仰坡护坡应完好，残缺超过 $0.2m^2$ 时应及时修复；护坡残留碎落物应及时清理。

（7）隧道洞口因降雪、风吹雪形成大量积雪时（图 6.1-6），应及时清理。

图 6.1-4　洞门墙装饰层脱落

图 6.1-5　洞口遮光棚损坏

图 6.1-6　洞口积雪

6.1.2 洞身衬砌

（1）对半山隧道（洞），应封闭裸露岩石并经常观察洞体稳定性。洞顶落石不能掉落在路面，路面外侧碎落堆积物应及时清除，见图6.1-7。

（2）岩石裸露的隧道（毛洞隧道）应采用喷射混凝土封闭，防止洞内碎落掉块，见图6.1-8。

图6.1-7　洞顶碎落物堆积应及时清理　　　　图6.1-8　裸露岩石隧道应封闭

（3）衬砌表面有可能剥落并掉落到路面的施工缝混凝土碎块（图6.1-9）、错台修补砂浆（图6.1-10），应及时清理。

图6.1-9　施工缝混凝土碎块　　　　图6.1-10　施工缝错台修补砂浆

（4）衬砌表面砂浆抹面发现起层、剥落（图6.1-11）应及时清除；喷射混凝土层边界应进行修整，喷射混凝土薄片（图6.1-12）应进行清理。

图 6.1-11　衬砌表面砂浆抹面起层、剥落　　　　图 6.1-12　喷射混凝土薄片

（5）衬砌错台浇筑形成的混凝土薄片（图 6.1-13）应及时铲除。

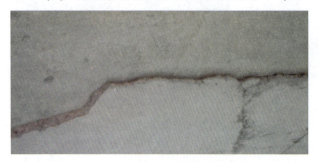

图 6.1-13　衬砌错台浇筑形成的混凝土薄片

（6）寒冷地区，隧道内衬砌渗水形成挂冰、冰凌，应及时清除，见图 6.1-14。

图 6.1-14　衬砌挂冰清除

(7) 衬砌裂缝，应设立观测标记进行跟踪观测。

6.1.3 路面

(1) 隧道路面要求无坑洞、无鼓包、无开裂，发现问题应及时修复，见图 6.1-15。

图 6.1-15　路面坑洞、开裂应及时修复

(2) 应及时清除隧道内外路面及边沟、中心排水沟上的塌（散）落物和堆积物，见图 6.1-16。

(3) 当路面出现渗漏水时，应及时处理，将水引入边沟排出，防止路面积水或结冰；同时，路面出现积冰也应及时清除，见图 6.1-17。

图 6.1-16　清除小面积塌（散）落物　　　　图 6.1-17　清除路面积冰

(4) 中心排水沟检查井盖板应保持完好、稳定，发现问题应及时修复、更换，见图 6.1-18。变形的滤水铁箅（图 6.1-19）应及时更换。

图6.1-18 中心排水沟检查井盖板破损

图6.1-19 变形的滤水铁箅

6.1.4 检修道

(1) 电缆沟盖板应保持完整（图6.1-20）；发现电缆沟盖板断板（图6.1-21）、缺角（图6.1-22）、缺失（图6.1-23），应及时更换、补充。

图6.1-20 电缆沟盖板完整

图6.1-21 电缆沟盖板断板

图6.1-22 电缆沟盖板缺角

图6.1-23 电缆沟盖板缺失

(2) 发现路缘石损坏（图 6.1-24），其破损残渣应及时清理；发现路缘石开裂、隆起变形，与损坏部分一样，应做好标记、记录，并结合路面病害情况，制订修复计划，一并修复。

图 6.1-24　路缘石损坏

6.1.5　边沟

(1) 边沟应保持完好，保证水流畅通。

(2) 边沟漏水口应完整（图 6.1-25），缺失的滤水铁算（图 6.1-26）应及时更换，损坏的边沟漏水口（图 6.1-27）应及时维修。

图 6.1-25　完整的边沟漏水口

(3) 损坏的边沟碎块物（图 6.1-28）应及时清理，产生堵塞时应及时疏通，保证水流畅通。对损坏的位置、段落应做好记录，进行统计，制订修复计划和方案，与路面、衬砌、检修道一并进行维修。

图 6.1-26　边沟漏水口滤水铁箅缺失

图 6.1-27　边沟漏水口损坏

图 6.1-28　边沟损坏

6.1.6 中心排水沟

(1) 中心排水沟应保持水流畅通、保证设计过水断面；沟内杂物（图6.1-29）、沉沙池垃圾应定期清理，出水口应经常检查，有堵塞和结冰（图6.1-30）应及时清理。

图6.1-29　管内淤积物　　　　　图6.1-30　中心排水沟出水口结冰

(2) 隧道中心排水沟的清洁保养比较麻烦，通常采用高压水冲洗、机器人带高压水进入沟内进行清洗，见图6.1-31。中心排水沟堵塞严重时，可采取破除路面的方法进行疏通，见图6.1-32。

图6.1-31　高压水清洗中心排水沟

6.1.7 洞内装饰

(1) 洞内装饰应保持完好和整洁美观，如有破损、掉落（图6.1-33）应进行修补、更换或全部清除。

图 6.1-32　中心排水沟严重堵塞时进行疏通

图 6.1-33　装饰层脱落

（2）衬砌拱部表面防火涂料层或装饰层起层、剥落（图 6.1-34），有可能掉落到路面危及行车安全时，应及时清除。

图 6.1-34　拱部防火或装饰涂料剥落

6.1.8 洞内设施

（1）各种预埋件和桥架应保持完好、坚固，无锈蚀，松动，见图 6.1-35。

（a）预埋件完好坚固　　　　　　　　（b）预埋件锈蚀松动

图 6.1-35　预埋件状况

（2）通道门损坏（图 6.1-36）应及时维修、更换。

图 6.1-36　通道门损坏

（3）隧道的交通标志应保持外观完整、清晰、醒目。出现标志牌面脏污、变形、破损、锈蚀、老化失效（图 6.1-37）时，应及时清洁、修复、防腐处理或更换。

（4）隧道路面的交通标线应保持完整、清洁和醒目。出现标线脏污（图 6.1-38）时应及时清洗；出现标线脱落（图 6.1-39）时应及时补画。

图 6.1-37　标志牌变形、破损或缺失

图 6.1-38　标线脏污　　　　　　　图 6.1-39　标线脱落

（5）隧道的诱导灯、轮廓标应保持完整、清洁和醒目，定期进行清洁维护，出现损坏及缺失（图 6.1-40）时应及时修复。

图 6.1-40　轮廓标缺失

6.2 预防性养护

与道路工程不同，隧道土建结构的经常性和预防性养护工作没特别明显的划分标准。宏观上讲，为确保隧道100年运营使用寿命期内正常工作所开展的长期性养护工作，均可称为预防性养护。微观上讲，在病害出现前主动开展的养护工作可称为预防性养护。每座隧道均会有不同的预防性养护工作（工程）内容。常见的土建结构预防性养护工作内容见表6.2-1。

公路隧道土建结构常见预防性养护工作内容　　表6.2-1

序号	分项名称	保养维修工作内容
1	洞口、洞门	1. 对可能出现危石与浮土的边、仰坡开展预加固、预防护； 2. 定期对洞口金属棚架进行防腐蚀处理； 3. 采取措施根除截、排水沟杂草，防止杂草根系破坏
2	洞身衬砌	1. 半山洞、无衬砌隧道增设锚喷支护或混凝土衬砌； 2. 冬季来临前完成渗漏水处治，防止冬季挂冰和衬砌结构冻融破坏； 3. 分析衬砌起层与剥离原因，及时处治； 4. 发现裂缝及时监测与封闭
3	路面	1. 同路面工程预防性养护工作； 2. 修复、更换窨井盖或其他设施盖板时，改变加盖方式，防止再次出现损坏
4	辅助通道	定期对通道内金属设施进行防锈蚀处理
5	检修道	定期对护栏进行防锈蚀处理
6	排水设施	1. 对极端天气条件下，不能满足排水要求的排水设施进行改造； 2. 查明排水沟冬季结冰堵塞的原因，采取防冻或其他处治措施，保证冬季水流畅通
7	吊顶、内装饰	1. 定期对全隧道预埋件和桥架等进行防锈蚀处理，而不是发现一处、处理一处； 2. 对可能出松脱的预理设施进行加固处理

国内隧道预防性养护工作开展得不多，部分实例简述如下。

6.2.1 洞口洞门

（1）洞口为岩质边、仰坡的隧道，随着时间的推移，岩质边、仰坡因风化作用，可能出现松动、碎块掉落，进而影响引大面积边、仰坡失稳。在发生这种情况之前，可通过定期检查，了解建设期边、仰坡及其防护工程的有效性,对可能失效的防护工程及可能出现危石的边、仰坡进行预加固、加强防护,见图 6.2-1。

图 6.2-1　洞口边、仰坡开展预加固、预防护

(2) 应定期对洞口金属遮光棚棚架进行防腐蚀处理,不要等到金属棚架锈蚀严重后再进行处理,这将严重影响棚架的使用寿命,见图 6.2-2。

(a) 锈蚀较严重　　　　　　　　　(b) 防腐处理较好

图 6.2-2　金属遮光棚架的防腐蚀处理

(3) 截、排水沟易反复滋生杂草,杂草根系的长期作用,将破坏水沟壁砌体结构,缩短其使用寿命,除应定期除草外,还应采取清洁沟中积尘、修复破损沟壁等措施,根除杂草生长可能性。

6.2.2 洞身衬砌

（1）对半山洞、无衬砌隧道，增设锚喷支护或混凝土衬砌，防止可能出现的岩体失稳，确保隧道长期使用寿命及运营安全，见图6.2-3。

图 6.2-3　半山洞、无衬砌隧道增设锚喷支护或混凝土衬砌

（2）对寒冷地区有渗漏水的隧道，应在冬季来临前进行渗漏水处治（参见第7章7.4.4小节）防止结冰冻胀损伤衬砌结构。

（3）对隧道衬砌起层、"剥皮"现象，应分析衬砌起层与剥离原因，及时采取防腐和加固措施进行处治。

（4）发现裂缝及时封闭并实施监测，监测工作可采用现场标记和定期记录分析等方法。

6.2.3 路面

（1）隧道内路面的预防性养护工作可参照洞外路面工程进行。

（2）对经常损坏的检查井井盖，可考虑改变加盖方式，如将检查井井盖下沉埋设到混凝土路面结构或沥青面层下方。井盖下沉埋设后，应做好标记，方便日后需要时打开。

6.2.4 辅助通道

定期对辅助通道内各种金属设施，如金属导流板、风道吊杆、通道门等，进行防锈蚀处理（图6.2-4），而不是等发现锈蚀再处理。

图 6.2-4　对锈蚀的金属导流板等设施
进行防锈蚀处理

6.2.5　排水设施

（1）对极端降雨天气条件下，不能满足排水要求的排水设施进行改造，防止高水压对隧道结构产生破坏。

（2）查明排水沟冬季结冰堵塞的原因、部位，采取必要的防冻措施或其他处治措施，保证冬季水流畅通，防止积水冻胀对隧道结构产生破坏。

6.2.6　吊顶、内装饰

（1）定期对全隧道预埋件和桥架等进行防锈蚀处理（图6.2-5），而不是发现一处、处理一处。

（2）对可能出现松脱的预埋设施进行加固处理，见图6.2-6。

图 6.2-5　隧道预埋件和桥架定期防锈蚀处理　　图 6.2-6　对可能松脱的预埋设施加固处理

第 7 章　常见病害处治

前面第 2 章介绍了公路隧道土建结构常见的病害现象，其中一些病害可通过日常养护和维护来维持隧道的正常运营，但有些病害还须进行专门处治。对于隧道病害的处治，首先要了解隧道建设时的设计、施工情况，了解隧道的运营及日常维护情况，以及了解隧道病害历次处治情况，并在必要的检测结果基础上，分析病害产生的原因，才能制订出有针对性的处治措施，达到治理的效果。

本章主要介绍公路隧道土建结构常见病害的处治方法。

7.1　围岩加固

7.1.1　围岩注浆

因围岩松弛使衬砌结构受围岩压力作用出现变形、开裂时，可采用围岩注浆进行处治（图 7.1-1）。通过注浆加固，可以起到改善围岩物理力学性质，提高围岩自承能力的作用。

（a）注浆管安设完成

（b）注浆完成后

图 7.1-1　围岩加固注浆

加固注浆的处治对象是围岩,是通过在隧道衬砌表面径向钻注浆孔,插入注浆导管,对围岩进行注浆加固。这与隧道建设期间的围岩径向小导管注浆加固工艺相类似。

注浆导管(图7.1-2)长度一般为3.5~5.0m,管体插入围岩部分需要钻注浆孔,注浆压力为0.3~1.0MPa。注浆材料一般以水泥砂浆为主,砂浆强度大于或等于M20。可根据病害情况,采用全断面径向注浆或局部径向注浆。注浆管布置间距一般为1.5~2.5m。注浆范围等相关参数根据病害情况和病害原因、围岩地层性质等确定。

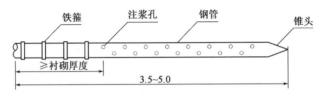

图7.1-2 围岩加固径向注浆小导管(尺寸单位:m)

围岩加固注浆时,小导管同时起到锚杆作用。其施工工艺简单、容易操作,加固效果好。

应特别注意的是:运营隧道采用围岩加固注浆时,注浆导管要穿过二次衬砌、穿破防水层,会破坏二次衬砌表观,导致衬砌表面形成"百孔"现象,对外观影响较大。同时,注浆浆液可能堵塞衬砌背后的排水系统,造成衬砌渗水。此外,还存在注浆效果难以检验、工程量较难控制等问题。因此,采用此方法时应特别慎重。

7.1.2 初期支护背后空洞注浆

对初期支护背后不密实和空洞范围进行注浆,可增强初期支护结构对围岩松弛的约束,是围岩加固的一种方法,注浆钻孔深度穿过初期支护结构层即可。注浆孔间距可适当加密一些,注浆管管壁上无须钻小孔,浆液从管头出浆,注浆压力为0.2~0.5MPa。

初期支护背后不密实和背后空洞在拱部、边墙均可能出现,处治原则是在什么位置出现,就在什么位置布置注浆孔,有多大范围就处治多大范围。

初期支护背后加固注浆与围岩加固注浆一样,对衬砌外观破坏较大,

第 7 章 常见病害处治

容易造成衬砌背后排水系统堵塞。

7.1.3 二次衬砌背后填充注浆

通过对二次衬砌与初期支护间的空洞进行注浆充填，可改善二次衬砌的受力条件，使之满足设计要求，实现二次衬砌对初期支护和围岩的支撑约束，达到维护围岩稳定、阻止围岩进一步松弛、防止衬砌结构荷载继续增加的作用。

充填注浆的注浆材料可采用普通水泥砂浆（M10），注浆压力为 0.1～0.3MPa，一般注浆设备即可实现。

充填注浆钻孔不能穿破衬砌防水层，否则，注浆浆液可能进入防水层背后，堵塞防水层背后的排水系统。

应注意的是： 充填注浆只是起充填作用，不能起到补充衬砌厚度的作用，因此，衬砌厚度严重不足时，不能采用注浆的方式弥补。图 7.1-3 所示为二次衬砌厚度不够时，初期支护与二次衬砌间的空洞采用了充填注浆。虽然空洞注满了砂浆，但由于衬砌厚度不足，衬砌结构仍然持续开裂破坏，最后实施了衬砌拆换。

衬砌背后空洞充填注浆，要求衬砌厚度基本到达设计厚度时才可以采用（一般不小于设计厚度的 2/3），见图 7.1-4。当衬砌厚度严重不足时，进行充填注浆有可能造成衬砌进一步开裂，甚至掉块、衬砌垮塌，见图 7.1-5。

图 7.1-3 空洞充填注浆实例

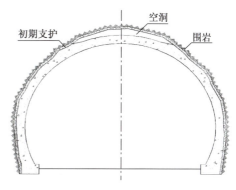

图 7.1-4 允许背后充填注浆示意图

图7.1-5 充填注浆时因衬砌厚度不足导致掉块

7.1.4 地表加固

在隧道浅埋段（埋深在 5~25m），围岩加固可在地面进行，这样对隧道交通干扰最小。地表加固可分为地面砂浆锚杆加固、地表注浆加固、地表塌陷处理等。

（1）地面砂浆锚杆加固（图7.1-6）：是在地面竖向布置砂浆锚杆，实现对隧道拱部围岩的加固。锚杆深度控制在距隧道开挖线0.5m以外。横向布置范围控制在隧道开挖范围外 1~2 倍开挖宽度。

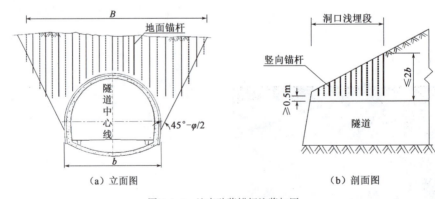

图7.1-6 地表砂浆锚杆注浆加固

（2）地表注浆加固（图 7.1-7）：是在地面向下打注浆孔，布置注浆管，在地面通过注浆管进行注浆，实现对围岩的加固。注浆管通常采用钢花管，管壁需钻出浆小孔，管径一般不小于 11cm。管体距隧道开挖线的距离控制在 1.0m 以外。

图 7.1-7　地表注浆加固

地表注浆孔布设与地面砂浆锚杆加固相似，但横向布置范围可更宽，深度可到隧道两侧的边墙脚。注浆钢管埋在地层中，同时起到地面锚杆作用，不提倡采用塑料管。注浆浆液根据围岩条件，可采用纯水泥浆或水泥砂浆，注浆压力为 0.1~0.3MPa。地表注浆加固过程中，应对相应段落衬砌结构变形实时监控。

（3）隧道地面出现塌空（图7.1-8）时，塌陷处应及时进行回填封闭（图7.1-9），回填方案应有防水、排水措施。

图 7.1-8　隧道地表塌陷　　　　图 7.1-9　隧道地表塌陷回填

7.2　衬砌结构加固

隧道运营期间的衬砌加固，通常指的是二次衬砌结构的加固或补强，主要针对衬砌开裂、衬砌厚度不足、衬砌掉块、衬砌变形、火灾损伤、冻胀破坏等的加固。加固措施包括：喷射混凝土加固、钢带加固、喷锚加固、套拱加固、嵌入钢架加固和拆换衬砌等。

7.2.1 喷射混凝土加固

在衬砌表面增设喷射混凝土层，利用喷射混凝土黏结力强、强度高、补充结构厚度较薄的特点，与原有衬砌结合在一起，可有效增加衬砌结构的整体厚度，提高衬砌结构的承载能力。该措施主要用于衬砌厚度不足、衬砌开裂、火灾引起的衬砌表面损伤等衬砌结构加固。图 7.2-1 所示为喷射混凝土加固效果图。

图 7.2-1　喷射混凝土补强效果

喷射混凝土加固施工前，原衬砌表面应凿毛、清除表面油污，火灾损伤的衬砌表面应凿除损伤部分，以保证喷射混凝土与衬砌表面黏结牢固。通常，喷射混凝土层内需铺设钢筋网，必要时应掺加化学纤维、增设钢架。为此，需在衬砌表面打设短锚杆，用于固定钢筋网或钢架。图 7.2-2 所示为火灾受损衬砌采用喷射混凝土加固施工照片。

喷射混凝土的强度等级不小于 C30，钢筋网直径可采用 12～22mm。短锚钉不能穿透衬砌。钢架宜采用格栅钢架。

喷射混凝土层总厚度不大，侵占内空较小，施工简单，施工速度快。但由于加固厚度小，加固强度有限，对衬砌厚度严重不足或损伤严重的地段作用有限，因此要慎用。

（a）增设钢筋网与钢架　　　　　　（b）喷射混凝土施工

图 7.2-2　火灾受损衬砌喷射混凝土加固施工

7.2.2　钢带加固

在衬砌表面按 60～100cm 间距，全环铺设宽 40～70cm、厚 6～12mm 的钢带或 W 钢带，通过锚栓将钢带固定在衬砌表面，与衬砌结合在一起共同工作，可增强衬砌结构整体性，提高衬砌结构表面抗拉能力，起到加固衬砌的作用（图 7.2-3）。

 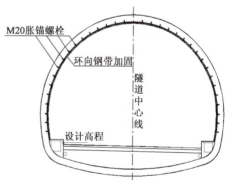

图 7.2-3　二次衬砌钢带加固

对于衬砌开裂，出现网状裂缝，在衬砌厚度不足、隧道净空富余量很小或无富余量的地段，可采用钢带进行加固。

为了发挥钢带加固效果，钢带与衬砌表面应采用灌注结构胶进行黏结（图 7.2-4）。衬砌表面贴钢带区域应清除油污和灰尘。此外，钢带应进行防腐蚀处理，以保证加固钢带的耐久性。

图 7.2-4　钢带背后注入结构胶

钢带加固时，需要采用锚栓螺钉将钢带与衬砌连在一起，锚栓与衬砌的锚固力要求较高，因此要求原衬砌厚度要大于设计厚度的 1/2，并且最小厚度应大于 20cm，见图 7.2-5。此外，衬砌混凝土强度等级不应低于 C20。

衬砌结构普遍厚度不足 20cm 的二次衬砌，不适合采用钢带进行加固，见图 7.2-6。

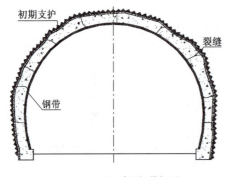
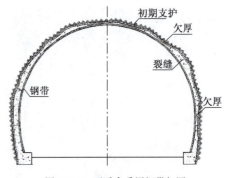

图 7.2-5　可以采用钢带加固　　　　图 7.2-6　不适合采用钢带加固

7.2.3　喷锚加固

喷锚加固适用于围岩无水、整体性较好的岩石围岩，需要围岩提供足够的锚固力。

（1）整体加固

整体加固是指在衬砌表面增设喷射混凝土层，再加设长度不小于 3.0m

的径向锚杆（图7.2-7）。同喷射混凝土加固一样，其利用喷射混凝土黏结力强、强度高、补充结构厚度较薄的特点，与原有衬砌结合在一起，可有效增加衬砌结构的整体厚度，提高衬砌结构的承载能力。同时利用锚杆将喷射混凝土层、原有衬砌（初期支护和二次衬砌）和围岩黏结在一起。该方法可用于衬砌厚度不足、衬砌开裂、火灾引起的衬砌表面损伤等衬砌结构加固。

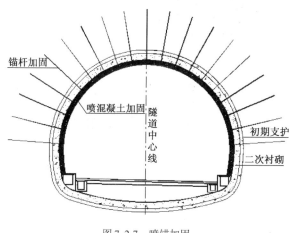

图 7.2-7 喷锚加固

喷锚加固同建设期初期支护一样，施工工艺简单、容易操作，加固效果好。

由于喷锚加固的锚杆要穿过二次衬砌、穿破防水层，因此，锚固注浆的水灰比不能过大，否则注浆后可能堵塞衬砌背后的排水系统，造成排水系统失效。

（2）局部加固

局部加固是指仅在衬砌局部病害较严重的部位进行加固，适用于衬砌局部严重不足（图7.2-8）、衬砌局部掉块部位（图7.2-9）等情况。

加固时，一般需要局部拆除二次衬砌病害部分，割掉防水层，直接在原有初期支护表面喷射混凝土上施作锚杆；锚杆应锚固在围岩体内，并与喷射混凝土层内的钢筋网连接，见图7.2-10。原衬砌为素混凝土时，需在凿除界面处植筋，并与喷射混凝土层内的钢筋相连接，见图7.2-11。

图 7.2-8　衬砌厚度严重不足

图 7.2-9　衬砌掉块

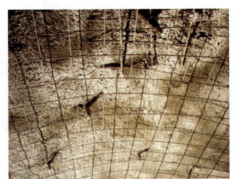

图 7.2-10　局部喷锚加固衬砌

　　一些不拆除二次衬砌的局部加固,也可采用单纯锚杆加固。这种方式加固工程简单、速度快、造价低,但对衬砌外观损害较大,见图 7.2-12。

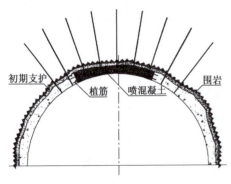
图 7.2-11　喷锚局部加固

图 7.2-12　单纯锚杆局部加固

7.2.4 套拱加固

套拱加固是指在原有衬砌表面再浇筑一层钢筋混凝土结构,形成双层模筑混凝土衬砌结构,见图 7.2-13。

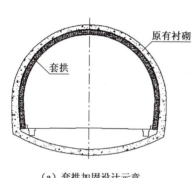

（a）套拱加固设计示意　　　　　（b）套拱施工完成后

图 7.2-13　套拱加固

对于衬砌结构严重受损,出现剥落、掉块和多处厚度严重不足的地段（厚度小于20cm）,以及其他补强方法不能满足结构安全要求的地段,可考虑采用钢筋混凝土套拱加固。套拱加固承载能力较强、耐久性较好、质量容易控制,是结构加固最为可靠的加固方式。套拱混凝土与原衬砌混凝土之间可设置防水层,增强套拱衬砌防水能力。

但是,按照衬砌结构最小厚度要求,套拱厚度不得小于20cm。所以,套拱加固侵占隧道净空较大,往往造成侵限。同时,由于套拱基础要求置于稳固的地基上,很多情况是要破除电缆沟,挤占电缆沟空间。这些都是套拱加固使用受限的重要原因。

套拱加固时,要在洞内支模板、铺设防水层、绑扎钢筋,混凝土浇筑且达到一定强度后才能拆模,故施工时间较长。

7.2.5　嵌入钢架加固（嵌拱加固）

嵌入钢架加固是指在破损的衬砌表面,沿隧道纵向按一定间距,环向凿槽,嵌入钢架,浇筑或喷射混凝土将钢架包裹、覆盖,与原衬砌结合在一起,起到加固衬砌的目的（图 7.2-14）。该方法适用于隧道净空富余较小的素混凝土模筑衬砌地段。

图 7.2-14　嵌拱加固

凿槽一般采用机械在槽两侧切缝、炮机或人工钻凿的方式成形。凿槽深度为 10~15cm，并不大于原模筑衬砌厚度的 1/2。凿槽间距为 1.0~1.5m。

钢拱架一般采用轻型钢轨拱架或型钢拱架，也可采用格栅拱架。钢架可适当冒出衬砌表面。新浇混凝土或喷射混凝土的强度等级通常应比原衬砌混凝土高，但不低于 C25，通常配合喷射混凝土加固一起使用。

嵌拱加固的缺点在于：由于凿槽对原衬砌破坏较大，凿槽困难，钢架内侧混凝土不宜浇筑（或喷射）密实，且钢架与原有混凝土衬砌结合较差，施工速度慢，质量不宜保证，故一般不予采用。

7.2.6　拆换衬砌（换拱）

拆换衬砌是指将衬砌一环整体拆除，重新浇筑承载能力不低于原衬砌的混凝土衬砌，见图 7.2-15。

当隧道衬砌厚度大面积不足、开裂严重（图 7.2-16）、变形、错台、掉块、崩裂、腐蚀、压碎（图 7.2-17）时，可考虑采用衬砌整体拆换。拆换衬砌是采用其他方式处治不能保证处治效果时的最后措施，也是一种较为彻底的处治方式。更换衬砌时，衬砌背后防水层及排水盲管可重新铺设。

拆换衬砌的缺点是：施工较复杂，拆换除衬砌危险性较大，需要加设临时支撑；混凝土重新浇筑时需立模（图 7.2-18）；施工时间长，对交通干扰大,中断交通时间长。

 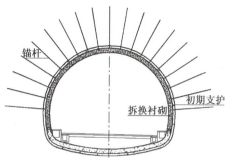

图 7.2-15　衬砌拆换

图 7.2-16　衬砌严重开裂　　　　　图 7.2-17　衬砌压碎

图 7.2-18　新做立模浇筑衬砌

拆换长度一般为原衬砌一模长度（两施工缝之间的长度），拆除时只能分段拆除，分段长度 1~3m。拆换段两端需增加临时支撑，见图 7.2-19。拆换后如发现初期支护已经侵占了衬砌空间，这时初期支护也需要拆换。

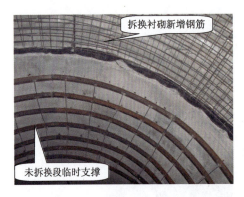 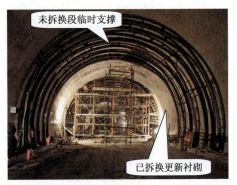

图 7.2-19　临时支撑

7.3　裂缝处治

衬砌开裂是公路隧道最为常见的病害现象，主要表现为纵向、环向、斜向、交叉龟裂裂缝等，出现在隧道衬砌拱顶、拱腰、边墙等各个部位。有混凝土收缩产生的裂缝，不均匀沉降造成的裂缝，混凝土间歇浇筑产生的间歇缝，结构受力产生的开裂，等等。无论边墙、拱腰还是拱顶，都是环向和纵向裂缝居多，斜向裂缝较少。裂缝宽度小于 0.3mm 的居多，大于或等于 3mm 的较少。

对于稳定不发展的裂缝，可按有渗水和无渗水两类分别处治。

7.3.1　无水裂缝处治

（1）对于宽度较小（小于 0.3mm）、无水、长度不大的单一裂缝，可暂不处理。

（2）对于宽度大于 0.3mm 的裂缝，可采用涂环氧砂浆封闭、注入结构补强胶等进行处治，见图 7.3-1。

（3）对于不处理或仅刮胶、注胶处理的裂缝，可建立裂缝长期观测点，观察裂缝有无变化。观测点应选择在具有代表性的裂缝处，通过骑缝贴玻璃片、埋设裂缝观测计等进行长期观察。

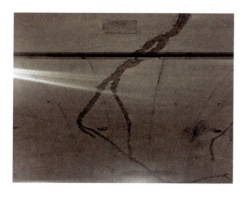 

图 7.3-1　无水裂缝处治

（4）对于网状、龟裂裂缝，纵向张开裂缝，已将衬砌分切割块的纵向、竖向和斜向裂缝，宽度和长度继续发展的裂缝等，一般是由于衬砌结构受力较大或受力不均、地基沉降、衬砌厚度不足、强度不够所引起，应及时处理。可采用粘贴钢带、挂网喷射混凝土、设套拱等方式。

（5）一些拱部混凝土浇筑时，由于间歇时间长而形成的"冷缝"（图 7.3-2），也可采用粘贴钢带、局部拆换处理，严重地段也可采用设套拱、整体拆换等方式。边墙上的"冷缝"，如衬砌厚度满足设计，裂缝不再发展，可暂不处理。

图 7.3-2　衬砌拱部混凝土"冷缝"

（6）衬砌破损、掉块、裂缝错台、厚度严重不足时，一般要进行拆换或局部拆换。

（7）拱顶混凝土缺料导致厚度不足而引起的衬砌裂缝（图 7.3-3），不能采用注浆方式弥补，应采用局部拆换、整体拆换等方式进行处治。

图 7.3-3　衬砌拱部厚度不足

（8）拱部、边墙及边墙脚欠挖，导致衬砌严重厚度不足而开裂的地段（图 7.3-4），应进行整体拆除、初期支护拆除、欠挖处理，再重新恢复衬砌结构。

图 7.3-4　欠挖造成拱墙衬砌厚度不足

7.3.2　渗水裂缝处治

（1）对于轻微渗水的裂缝，渗水较小（如缝周边仅浸湿、有水迹）时，一般宜采用灌注化学浆，如亲水型环氧树脂、聚氨酯发泡材等进行止水，见图 7.3-5。

图 7.3-5　灌注聚氨酯发泡材处治渗水

采用化学浆灌注止水时，注浆范围应控制在衬砌裂缝范围内，施工中不应穿透防水层，防止浆液进入衬砌背后，堵塞排水系统。

化学浆灌注止水受浆液材料、灌注工艺、基面处理等影响，处治效果不理想或失效的实例也比较多。但这种处理措施可以重复进行，随着技术进步，相信效果会越来越好。

（2）对于渗水较大，如出现流淌、喷出、滴漏等的裂缝，可按如下方式进行处理：

①渗水较大则表明该段围岩有地下水渗出，衬砌背后有水径流或聚集，可先疏通该段边墙脚既有泄水孔，或在边墙脚重新补钻泄水孔（图 7.3-6），排泄衬砌背后的积水，降低衬砌背后的积水水位，消除拱墙衬砌背后的水压力。边墙脚排水越充分，衬砌拱墙背后聚积和滞留的地下水就越少，防水也就更容易。

图 7.3-6　衬砌边墙脚打泄水孔

②对于边墙渗漏水较大的竖向裂缝，可采取凿槽埋管引排，将衬砌渗出的水引至边墙脚，再排至路侧边沟或中心排水沟，即"凿槽引排"。凿槽引排时，需从渗水位置沿竖向凿槽一直到边墙脚，可在渗水较大位置槽内钻泄水孔，见图7.3-7。槽内安设排水管后，表面采用水泥砂浆或化学胶泥封面，见图7.3-8。

图7.3-7　凿槽、槽内钻孔　　　　　　图7.3-8　引水槽表面封堵完成

③拱部环向裂缝渗漏水较大，可能滴落到路面时，除采取凿槽埋管引排的方式进行处理外，也可采用在渗水裂缝表面骑缝加装接水盒（图7.3-9），将滴水引至隧道两侧边墙。接水盒可做适当修饰、美化。

图7.3-9　拱顶接水盒引排

④对于纵向、斜向裂缝渗漏水，可采取注胶封堵的方式进行堵水，见图7.3-10。对于仅做表面治水的地段，禁止直接采用顺裂缝凿槽埋管的方式

(图 7.3-11),因为纵向、斜向凿槽将对衬砌结构造成致命损害。在治水的同时,还对衬砌病害做套拱或喷射混凝土加固的地段,才可采用凿槽引排。

图 7.3-10 纵向、斜向渗水缝注胶封堵

图 7.3-11 纵向、斜向渗水缝凿槽引排(禁止直接采用)

7.4 渗漏水处治

衬砌渗漏水处治包括裂缝渗水、环向施工缝渗水、点渗水和面渗水处理。上一节已对裂缝渗水处理方式作了介绍,本节仅介绍衬砌环向施工缝渗水、混凝土不密实渗水(点渗水、面渗水)的处理方式。

7.4.1 环向施工缝渗水

(1)凿槽引排

环向施工缝渗水最常用的方式是凿槽引排,即槽内埋设渗水盲管,见

图7.4-1。该方式与裂缝凿槽引排方式一样。但凿槽宽度和深度要求更大，一般宽度不小于12cm、深度不小于15cm，槽内不需要钻泄水孔。

图7.4-1　环向施工缝凿槽埋管处治

（2）接水盒引水

凿槽引排在边墙和拱腰部位效果较好，但在拱顶部位通常效果较差。在渗漏水较严重的地段（图7.4-2），与拱部裂环向缝处治一样，可增设接水盒，防止渗漏水跌落到路面（图7.4-3）。为了不影响衬砌外观，接水盒可以采用暗埋的方式，即先凿深槽埋管，再在槽的外面开凿宽度较大、深度较浅的槽，将接水盒沉埋在衬砌内，见图7.4-4。

图7.4-2　衬砌施工缝严重渗漏水

7.4.2　衬砌点渗

衬砌局部点渗水，出水点集中，水从衬砌某一点渗出，形成浸湿、淌水、滴水或喷水（见第2章图2.3-4）时，可从出水点位置开始，向下竖向开凿引水槽、埋管，将水引排至边墙脚（图7.4-5），或采用局部灌注聚氨酯 PU 发泡材料止水（图7.4-6）。

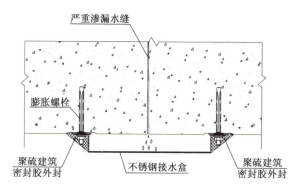 

图 7.4-3　接水盒

图 7.4-4　暗埋式接水盒

图 7.4-5　衬砌渗漏点凿槽　　　图 7.4-6　局部灌注聚氨酯 PU 发泡材料止水

7.4.3 衬砌面渗

面渗是指衬砌表面一定范围内出现渗水，没有明显出水点（图 2.3-3）。对于面渗，由于渗水不便于汇集、集中引排或封堵，可采用以下处治方式：

（1）对渗水表面涂刷水泥基渗透结晶防渗材料等进行防渗处治。由于水泥基处理后衬砌表面性质发生改变，更具脆性，容易再次开裂，因此一旦再次开裂，不可重复采用。

（2）渗水衬砌不存在结构安全隐患时，可在衬砌表面加装离壁式装饰层遮盖和引水。该方式一般应结合整个隧道装饰工程统一考虑。

7.4.4 寒冷地区渗水处治

在寒冷地区，隧道衬砌渗水可能结冰时，应考虑结冰对隧道衬砌结构的冻胀危害以及对运营交通安全的危害。对此目前还没有很好的处理方法。治水原则就是将渗水进行封堵，不让水进入隧道以内，并采取冬季防冻保温措施。

（1）衬砌渗水，一般采用注胶堵水，将渗水堵在衬砌背后，使地下水沿衬砌背后排至边墙脚，通过暗埋横向导水管排入中心排水沟。

（2）衬砌凿槽引排水，需要一定的暗埋深度（图 7.4-7），保证排水路径不冻结。不得采用接水盒方式排水。

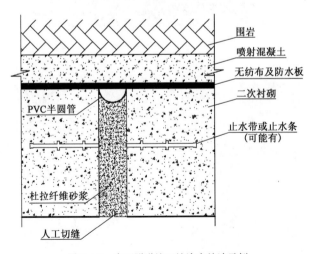

图 7.4-7 寒区隧道施工缝渗水处治示例

（3）边墙脚泄水孔出水口需暗埋，并采取防冻措施，通过暗埋横向导水管将引排至中心排水沟。已有泄水孔的裸露出水口要进行封堵，重新在较低位置处开钻泄水孔，出水口需暗埋。

（4）封堵纵向盲沟检查井，防止纵向盲沟检查井出水口裸露、出水结冰。

（5）对地下水丰富的隧道，在隧道底部增设防寒泄水洞，加速排泄隧道周边围岩地下水，降低地下水位。

7.4.5 地表治水

地表治水的主要目的是减少地表的水下渗，主要措施有：

（1）对地表汇水低洼、漏斗，可进行夯实回填或汇水截流处治。

（2）洞顶沟渠、截水沟、排水沟破损时，应及时进行修补。当截水沟迎水一侧沟壁高出坡面时，应及时进行修整改造。

（3）对造成隧道内渗水增加的冲沟应进行铺砌、引排。

（4）寒冷地区地表堆积雪地段，应采取措施减少雪水下渗。

7.5 隧底更换与加固

当隧道出现仰拱底鼓、沉陷，电缆沟盖板翘起、变形，以及边沟挤坏等病害时，一般是由于隧道底部变形造成，这时需要对隧道底部进行处治。

1）更换仰拱或增设仰拱

在需设仰拱的衬砌地段，可将隧道底部路面、路面垫层或仰拱填充和仰拱衬砌完全拆除（图 7.5-1）、清理虚渣，必要时还需补充开挖，达到施作仰拱要求的条件后，再施作仰拱（图 7.5-2）。原隧道无仰拱时，可按需增设仰拱。

拆换隧底前，需在衬砌两侧边墙脚打设锁脚锚杆（图 7.5-3），防止衬砌基底悬空造成衬砌沉降。

2）无仰拱地段隧底更换

对于无仰拱地段的隧道底更换，可将隧道路面、垫层完全拆除（图 7.5-4），清理、换填隧底虚渣，再重新恢复路面垫层和路面结构层。

图 7.5-1　隧底拆除　　　　　　　图 7.5-2　施作仰拱

图 7.5-3　衬砌边墙打设锁脚锚杆

3）隧底注浆加固

为固结隧底虚渣和加固底部围岩，可在路面结构表面向下打注浆管，向隧底注浆（图 7.5-5）。注浆结束后，恢复破坏的沥青面层即可。此方法施工速度较快，但在设有中心排水沟、隧底排水盲沟的地段，应采取措施防止浆液堵塞排水系统。

4）路面局部修补

隧道路面出现沉陷、结构断板、路面冒水等病害时，也可采取局部拆除修补破损路面、路面凿槽埋设排水盲沟引排隧道底部冒水等措施进行处治。

第 7 章　常见病害处治

图 7.5-4　隧底更换

图 7.5-5　隧底注浆加固

第 8 章　公路隧道养护相关法律法规、技术规范简介

公路隧道养护工程师应掌握的主要法律法规、技术规范如下：

(1)《中华人民共和国公路法》；

(2)《中华人民共和国安全生产法》；

(3)《公路安全保护条例》；

(4)《公路养护技术规范》；

(5)《公路养护安全作业规程》；

(6)《公路隧道养护技术规范》。

此外，还应熟悉《交通运输安全生产风险源等级划分规定（试行）》(2014 年 12 月 5 日发布)、《生产经营单位安全生产事故应急预案编制导则》(GB/T 29639—2013)、《生产安全事故应急预案管理办法》(2016 年 7 月 1 日修订) 等相关要求。

8.1　《中华人民共和国公路法》

《中华人民共和国公路法》是全为了加强公路的建设和管理，促进公路事业的发展，适应社会主义现代化建设和人民生活的需要而制定的法律。1997 年 7 月 3 日第八届全国人民代表大会常务委员会第二十六次会议通过，自 1998 年 1 月 1 日起施行。2017 年 11 月 4 日，第十二届全国人民代表大会常务委员会第三十次会议决定，通过对《中华人民共和国公路法》作出修改（第五次修正），自 2017 年 11 月 5 日起施行。《中华人民共和国公路法》根据本决定作相应修改，重新公布。

其内容包括：总则、公路规划、公路建设、公路养护、路政管理、收费公路、监督检查、法律责任、附则等 9 章共 87 条。其中，与公路隧道养

第 8 章 公路隧道养护相关法律法规、技术规范简介

护工作相关度较高的条文有：

第 6 条 新建公路应当符合技术等级的要求。原有不符合最低技术等级要求的等外公路，应当采取措施，逐步改造为符合技术等级要求的公路。

第 7 条 公路受国家保护，任何单位和个人不得破坏、损坏或者非法占用公路、公路用地及公路附属设施。

任何单位和个人都有爱护公路、公路用地及公路附属设施的义务，有权检举和控告破坏、损坏公路、公路用地、公路附属设施和影响公路安全的行为。

第 33 条 公路建设项目和公路修复项目竣工后，应当按照国家有关规定进行验收；未经验收或者验收不合格的，不得交付使用。

第 35 条 公路管理机构应当按照国务院交通主管部门规定的技术规范和操作规程对公路进行养护，保证公路经常处于良好的技术状态。

作者注：公路隧道养护技术规定和操作规程主要包括《公路养护技术规范》《公路隧道养护技术规范》《公路养护安全作业规程》等。

第 47 条 在大中型公路桥梁和渡口周围二百米、公路隧道上方和洞口外一百米范围内，以及在公路两侧一定距离内，不得挖砂、采石、取土、倾倒废弃物，不得进行爆破作业及其他危及公路、公路桥梁、公路隧道、公路渡口安全的活动。

作者注：隧道上方及洞口周边 100m 范围，如图 8.1-1 所示。

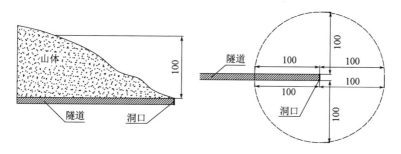

图 8.1-1　公路隧道周边范围 100m 图解（尺寸单位：m）

第 50 条 超过公路、公路桥梁、公路隧道或者汽车渡船的限载、限高、限宽、限长标准的车辆，不得在有限定标准的公路、公路桥梁上或者

公路隧道内行驶，不得使用汽车渡船。超过公路或者公路桥梁限载标准确需行驶的，必须经县级以上地方人民政府交通主管部门批准，并按要求采取有效的防护措施；运载不可解体的超限物品的，应当按照指定的时间、路线、时速行驶，并悬挂明显标志。

运输单位不能按照前款规定采取防护措施的，由交通主管部门帮助其采取防护措施，所需费用由运输单位承担。

第53条 造成公路损坏的，责任者应当及时报告公路管理机构，并接受公路管理机构的现场调查。

8.2 《中华人民共和国安全生产法》

《中华人民共和国安全生产法》是为了加强安全生产工作，防止和减少生产安全事故，保障人民群众生命和财产安全，促进经济社会持续健康发展，而制定的法律。由中华人民共和国第九届全国人民代表大会常务委员会第二十八次会议于2002年6月29日通过公布，自2002年11月1日起施行。2014年8月31日第十二届全国人民代表大会常务委员会第十次会议通过全国人民代表大会常务委员会关于修改《中华人民共和国安全生产法》的决定，自2014年12月1日起施行。

其内容包括：总则、生产经营的安全生产保障、从业人员的安全生产权利义务、安全生产的监督管理、生产安全事故的应急救援与调查处理、法律责任、附则等7章共114条。其中，与公路隧道养护工作相关度较高的条文有：

第17条 生产经营单位应当具备本法和有关法律、行政法规和国家标准或者行业标准规定的安全生产条件；不具备安全生产条件的，不得从事生产经营活动。

第18条 生产经营单位的主要负责人对本单位安全生产工作负有下列职责：

(1) 建立、健全本单位安全生产责任制；

(2) 组织制定本单位安全生产规章制度和操作规程；

(3) 组织制定并实施本单位安全生产教育和培训计划；

(4）保证本单位安全生产投入的有效实施；

（5）督促、检查本单位的安全生产工作，及时消除生产安全事故隐患；

（6）组织制定并实施本单位的生产安全事故应急救援预案；

（7）及时、如实报告生产安全事故。

第 19 条　生产经营单位的安全生产责任制应当明确各岗位的责任人员、责任范围和考核标准等内容。

生产经营单位应当建立相应的机制，加强对安全生产责任制落实情况的监督考核，保证安全生产责任制的落实。

8.3　《公路安全保护条例》

《公路安全保护条例》是为加强公路保护，保障公路完好、安全和畅通，根据《中华人民共和国公路法》制定；由国务院于 2011 年 3 月 7 日发布，自 2011 年 7 月 1 日起施行。

其内容包括：总则、公路线路、公路通行、公路养护、法律责任、附则等 6 章共 77 条。其中，与隧道养护工作相关度较高的条文有：

第 17 条　禁止在下列范围内从事采矿、采石、取土、爆破作业等危及公路、公路桥梁、公路隧道、公路渡口安全的活动：

（3）公路隧道上方和洞口外 100 米。

第 18 条　除按照国家有关规定设立的为车辆补充燃料的场所、设施外，禁止在下列范围内设立生产、储存、销售易燃、易爆、剧毒、放射性等危险物品的场所、设施：

（3）公路隧道上方和洞口外 100 米。

第 22 条　禁止利用公路桥梁进行牵拉、吊装等危及公路桥梁安全的施工作业。

禁止利用公路桥梁（含桥下空间）、公路隧道、涵洞堆放物品，搭建设施以及铺设高压电线和输送易燃、易爆或者其他有毒有害气体、液体的管道。

第 24 条　重要的公路桥梁和公路隧道按照《中华人民共和国人民

武装警察法》和国务院、中央军委的有关规定由中国人民武装警察部队守护。

第27条 进行下列涉路施工活动，建设单位应当向公路管理机构提出申请：

（4）利用公路桥梁、公路隧道、涵洞铺设电缆等设施；

第33条 超过公路、公路桥梁、公路隧道限载、限高、限宽、限长标准的车辆，不得在公路、公路桥梁或者公路隧道行驶；超过汽车渡船限载、限高、限宽、限长标准的车辆，不得使用汽车渡船。

公路、公路桥梁、公路隧道限载、限高、限宽、限长标准调整的，公路管理机构、公路经营企业应当及时变更限载、限高、限宽、限长标志；需要绕行的，还应当标明绕行路线。

第35条 车辆载运不可解体物品，车货总体的外廓尺寸或者总质量超过公路、公路桥梁、公路隧道的限载、限高、限宽、限长标准，确需在公路、公路桥梁、公路隧道行驶的，从事运输的单位和个人应当向公路管理机构申请公路超限运输许可。

第40条 公路管理机构在监督检查中发现车辆超过公路、公路桥梁、公路隧道或者汽车渡船的限载、限高、限宽、限长标准的，应当就近引导至固定超限检测站点进行处理。

第42条 载运易燃、易爆、剧毒、放射性等危险物品的车辆，应当符合国家有关安全管理规定，并避免通过特大型公路桥梁或者特长公路隧道；确需通过特大型公路桥梁或者特长公路隧道的，负责审批易燃、易爆、剧毒、放射性等危险物品运输许可的机关应当提前将行驶时间、路线通知特大型公路桥梁或者特长公路隧道的管理单位，并对在特大型公路桥梁或者特长公路隧道行驶的车辆进行现场监管。

第47条 公路管理机构、公路经营企业应当按照国务院交通运输主管部门的规定对公路进行巡查，并制作巡查记录；发现公路坍塌、坑槽、隆起等损毁的，应当及时设置警示标志，并采取措施修复。

第48条 公路管理机构、公路经营企业应当定期对公路、公路桥梁、公路隧道进行检测和评定，保证其技术状态符合有关技术标准；对经检测发现不符合车辆通行安全要求的，应当进行维修，及时向社会公告，并通知公安机关交通管理部门。

作者注：公路隧道按《公路隧道养护技术规范》执行。

第49条 公路管理机构、公路经营企业应当定期检查公路隧道的排水、通风、照明、监控、报警、消防、救助等设施，保持设施处于完好状态。

8.4 《公路养护技术规范》

《公路养护技术规范》（JTG H10—2009）由交通运输部于2009年10月30发布，自2010年1月1起实施。

其内容包括：总则，术语，路基，路面，桥梁、涵洞与渡口，隧道，路线交叉，公路防灾与突发事件处置，交通工程及沿线设施，公路绿化与环境保护，公路养护作业安全，技术管理等12章及9个附录。其中，隧道部分分为一般规定、隧道检查、隧道养护、隧道防护与排水、隧道附属设施、隧道安全管理等6节。

8.5 《公路养护安全作业规程》

《公路养护安全作业规程》（JTG H30—2015）是在《公路养护安全作业规程》（JTG H30—2004）基础上全面修订，由交通运输部于2015年4月20日发布，自2015年6月1日起实施。

其内容包括：总则，术语和符号，基本规定，公路养护作业控制区，公路养护安全设施，高速公路及一级公路养护作业控制区布置，三级公路养护作业控制区布置，四级公路养护作业控制区布置，桥涵养护作业控制区布置，隧道养护作业控制区布置，平面交叉养护作业控制区布置，收费广场养护作业控制区布置，交通工程及沿线设施养护作业控制区布置，特殊路段及特殊气象条件养护安全作业及附录等。其中，"隧道养护作业控制区布置"相关内容如下：

8.5.1 一般规定

（1）养护作业控制区布置除应符合本规程"高速公路及一级公路养护作业控制区布置"的有关规定外，尚应兼顾养护作业控制区隧道养护作业特点、养护作业位置等因素。

（2）隧道养护作业时，当隧道养护作业影响原建筑限界时，应设置限高及限宽标志。

（3）隧道养护作业控制区中交通锥的布设间距不宜大于4m，缓冲区和工作区照明应满足养护作业照明要求。

（4）隧道养护作业人员应穿戴反光服装和安全帽，养护作业机械应配备反光标志，施工台架周围应布设防眩灯。

（5）隧道养护作业宜在交通量较小时进行。

（6）特长、长隧道养护作业应全时段配备交通引导人员，轮换时间不应超过4h。

（7）特长、长隧道养护作业时，应间隔放行大型载重汽车。

8.5.2 养护作业控制区布置

（1）隧道养护作业控制区布置应符合《公路养护安全作业规程》第6章至第8章的有关规定。

（2）单洞双向通行、双洞单向通行以及中短隧道、长、特长隧道的养护作业控制区布置均作了详细规定并提供了布置图例。图8.5-1所示为《公路养护安全作业规程》提供的双洞单向通行的隧道入口段养护作业控制区布置示例。

第 8 章 公路隧道养护相关法律法规、技术规范简介

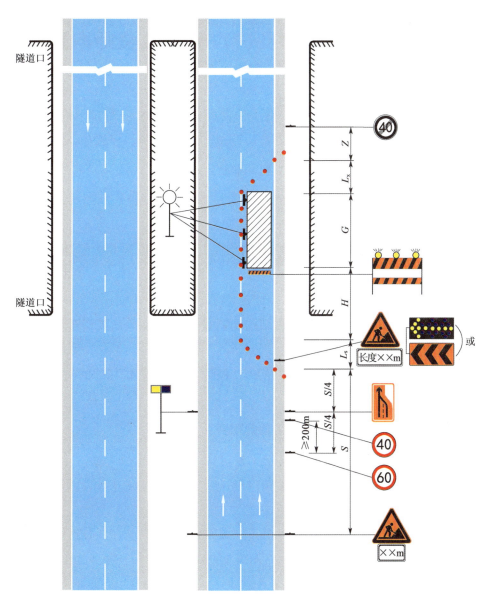

注：G-工作区长度；H-纵向缓冲区长度；L_s-封闭车道上游过渡区长度；L_x-下游过渡区长度；S-警告区长度；Z-终止区长度。

图 8.5-1 双洞单向通行的隧道入口段养护作业控制区布置示例

附录一 隧道（土建）养护工程师职责

公路隧道养护监管单位或养管单位需配置隧道养护工程师。根据隧道养护工程师所处的管理岗位的不同，其职责内容也不同，建议如下。

1. 监管单位隧道（土建）养护工程师职责

（1）负责辖区内隧道土建结构及其他工程设施养护管理的技术工作，监督检查养管单位隧道土建养护工程师职责履行情况。

（2）组织制订辖区内隧道土建结构及其他工程设施养护管理工作计划，并监督实施。

（3）组织复核4、5类技术状况隧道的评定工作。

（4）参与制订重要隧道土建结构病害处治工程技术方案和对策措施，并组织审验其科学合理性。

（5）组织辖区内隧道土建养护工程师及有关技术人员的技术业务培训。

2. 养管单位隧道（土建）养护工程师职责

（1）组织隧道土建结构及其他工程设施的经常检查与评定。

（2）组织隧道土建结构的定期检查、应急检查与评定以及隧道其他工程设施的定期检查与评定。

（3）根据检查结果编制并上报养护维修建议计划，提出须进行土建结构专项检查的隧道的申请报告，组织编制隧道保养维修、病害处治方案和对策措施。

（4）负责隧道土建结构、其他工程设施的保养维修和抗灾抢险的技术工作，考核隧道土建结构及其他工程设施养护质量，并及时汇总上报辖区的隧道土建结构及其他工程设施受自然灾害、火灾及其他因素损坏的情况数据。

（5）监督、组织隧道土建结构病害处治工程，组织并参与病害处治工程的中间检查和交（竣）工验收。

（6）负责所管辖隧道土建结构及其他工程设施技术档案（见附录九）的补充、完善和保密工作，定期对辖区内隧道土建结构及其他工程设施技术状况进行综合评价与分析；负责隧道管理系统的数据更新、系统维护、系统运行等工作。

（7）对隧道结构病害信息、交通事故信息进行记录，并每年对记录数据进行统计分析，提出加强隧道养护管理的具体措施。交通事故信息记录表见附录十。

（8）隧道总体技术状况评定工作。

附录二 隧道日常巡查记录格式

_____隧道左（右）洞日常巡查记录表

序号	巡查项目	威胁交通安全异常现象	现象状态		处理措施		
			不存在	存在	清除	报告	备注
1	洞口边仰坡	边坡滑动、落石					
2	洞门结构	大范围开裂、砌体断裂、脱落					
3	衬砌	大范围开裂、明显变形、结构性裂缝深度贯穿衬砌混凝土、衬砌掉块					
		地下水大规模涌流、喷射					
4	路面	散落物、严重隆起、错台、断裂、涌泥沙或大面积严重积水					
5	洞顶预埋件和悬吊件	严重锈蚀或断裂、变形或脱落					

巡查人：　　　　记录人：　　　　时间：_____年___月___日___时____分

填表说明：

1."现象状态"可采用"√"标记。

2."处理措施"为"报告"时，应备注报告对向及具体时间。

3."备注"处还可填写照相、摄像情况。

附录三 隧道清洁记录格式

隧道清洁记录表

隧道名称：　　　　清洁单位名称：　　　　清洁时间：　　年　月　日

清洁项目	要求	清洁方法		清洁范围		清洁效果	
		机械	人工	全隧道	区段	符合要求	不符合要求
路面	干净、整洁，无垃圾和杂物，两侧边沟不应有残留垃圾等物品						
顶板	干净、整洁，无污垢、污染、油污和痕迹，交通事故造成的墙面痕迹应予以清除						
内装饰							
侧墙							
洞门							
排水设施	排水通畅，窨井和沉沙池底部沉积物清除干净						
标志	不能有影响其辨认性能的表面污秽						
标线							
诱导灯							
轮廓标							
横通道	不能有散落的杂物和积水						
辅助通道	不能有可能损伤通风设施或影响通风效果的异物						

记录人：　　　　　　　　　　　　检查时间：　　年　月　日

填表说明：

1．"清洁范围"的"区段"应填写具体桩号范围。

2．"清洁方法""清洁效果"和"清洁范围"为"全隧道"时，均可采用"√"标记。

3．"检查时间"指隧道养管单位确认清洁效果的时间。

附录四　隧道经常检查记录格式

隧道经常检查记录簿

（_____ 年＿＿月＿＿日　第＿＿期）

隧道名称：_____

路线名称：_____

隧道编码：_____

路线编码：_____

天　　气：<u>阴　晴　雨</u>　　气温：___℃

检查人：_____　　记录人：_____

<u>（养管单位名称）</u>

1. 洞 口 工 程

未妨碍交通的一般异常		妨碍交通的严重异常	
A. 洞口存在落石	E. 构造物局部开裂	I. 坡顶落石	M. 构造物因开裂、倾斜或沉陷而致剥落或失稳
B. 洞口存在积水	F. 构造物局部倾斜	J. 积水漫流	N. 边沟淤塞
C. 洞口存在积雪	G. 构造物局部沉陷	K. 积雪崩塌	O. 其他
D. 洞口局部挂冰	H. 其他	L. 洞口挂冰掉落路面	

洞别	异常情况（代码或描述）	与上次检查对比			判　　定			养护措施建议		
		新增	无明显变化	明显变化	正常	一般异常	严重异常	跟踪观测	清理维修	定期或专项检查
左洞进口										
……										
……										
……										
……										
左洞出口										
……										
……										
……										
……										
右洞进口										
……										
……										
……										
……										
右洞出口										
……										
……										
……										

填表说明：

1."异常情况"可填写"存在异常描述"中的异常代码，如 A、I 等；如为 H 或 O 时，应填写具体内容。

2."与上次检查对比""判定"及"养护措施建议"均可采用"√"标记。

3.填写内容较多时，可加行。

2. 洞门工程

未妨碍交通的一般异常	妨碍交通的严重异常
A. 洞门侧墙出现起层、剥落 B. 存在渗漏水或结冰 C. 其他	D. 拱部及其附近部位出现剥落 E. 存在喷水或挂冰等,已妨碍交通 F. 其他

洞别	异常情况（代码或描述）	与上次检查对比			判　定			养护措施建议		
		新增	无明显变化	明显变化	正常	一般异常	严重异常	跟踪观测	清理维修	定期或专项检查
左洞进口										
	……									
	……									
	……									
	……									
左洞出口										
	……									
	……									
	……									
	……									
右洞进口										
	……									
	……									
	……									
	……									
右洞出口										
	……									
	……									
	……									
	……									

填表说明：

1. "异常情况"可填写"存在异常描述"中的异常代码,如 A、D 等；如为 C 或 F 时,应填写具体内容。

2. "与上次检查对比""判定"及"养护措施建议"均可采用"√"标记。

3. 填写内容较多时,可加行。

3. 衬 砌

未妨碍交通的一般异常	妨碍交通的严重异常
A. 衬砌起层 B. 侧壁出现剥落状况 C. （施工缝）存在渗漏水 D. 挂冰、冰柱 E. 其他	F. 衬砌起层，且拱部出现剥落状况，并有继续恶化的可能 G. 大面积渗漏水 H. 拱部挂冰，形成冰柱，已妨碍交通 I. 其他

洞别	桩号及部位	异常情况（代码或描述）	与上次检查对比			判 定			养护措施建议		
			新增	无明显变化	明显变化	正常	一般异常	严重异常	跟踪观测	清理维修	定期或专项检查
左洞	ZK＿＋＿ （部位）										
……											
……											
……											
……											
……											
……											
……											
右洞	YK＿＋＿ （部位）										
……											
……											
……											
……											
……											
……											
……											

填表说明：

1. "异常情况"可填写代码，如 A、D 等；如为 E 或 I 时，应填写具体内容。
2. "桩号及部位"应如：ZK108＋325，进洞左侧边墙脚；YK34＋023，进洞右侧拱部及拱腰等。
3. "与上次检查对比""判定"及"养护措施建议"均可采用"√"标记。
4. 填写内容较多时，可加行。

4. 路　　面

未妨碍交通的一般异常		妨碍交通的严重异常	
A. 存在落物 B. 存在滞水 C. 存在结冰 D. 存在裂缝	E. 存在油污 F. 存在小坑凼 G. 其他	H. 存在拱部落物 I. 大面积滞水 J. 大面积结冰 K. 大面积裂缝	L. 路面拱起 M. 存在大面积油污 N. 存在较大坑凼 O. 其他

洞别	桩号及部位	异常情况（代码或描述）	与上次检查对比			判　定			养护措施建议		
			新增	无明显变化	明显变化	正常	一般异常	严重异常	跟踪观测	清理维修	定期或专项检查
左洞	ZK__+__ （部位）										
	……										
	……										
	……										
	……										
	……										
右洞	YK__+__ （部位）										
	……										
	……										
	……										
	……										
	……										
	……										

填表说明：

1."桩号及部位"应如：ZK108+325，超车道；YK34+023，慢车道等。

2."异常情况"可填写代码，如 A、D 等；如为 G 或 O 时，应填写具体内容。

3."与上次检查对比""判定"及"养护措施建议"均可采用"√"标记。

4.填写内容较多时，可加行。

5. 检 修 道

未妨碍交通的一般异常	妨碍交通的严重异常
A. 栏杆变形、损坏 B. 检修道板缺损 C. 结构破损 D. 其他	E. 栏杆局部毁坏或侵入建筑限界 F. 结构破损 G. 其他

洞别	桩号及部位	异常情况（代码或描述）	与上次检查对比			判定			养护措施建议		
			新增	无明显变化	明显变化	正常	一般异常	严重异常	跟踪观测	清理维修	定期或专项检查
左洞	ZK__+__ （部位）										
	……										
	……										
	……										
	……										
	……										
	……										
	……										
右洞	YK__+__ （部位）										
	……										
	……										
	……										
	……										
	……										
	……										
	……										

填表说明：

1."桩号及部位"应如：ZK108+325，进洞左侧；YK34+023，进洞右侧等。

2."异常情况"可填写代码，如A、D等；如为D或G时，应填写具体内容。

3."与上次检查对比""判定"及"养护措施建议"均可采用"√"标记。

4.填写内容较多时，可加行。

6. 排 水 设 施

未妨碍交通的一般异常	妨碍交通的严重异常
A. 存在缺损 B. 积水 C. 少量结冰 D. 其他	E. 沟管堵塞 F. 积水漫流 G. 大量结冰 H. 排水设施缺损严重 I. 其他

洞别	桩号及部位	异常情况（代码或描述）	与上次检查对比			判　　定			养护措施建议		
			新增	无明显变化	明显变化	正常	一般异常	严重异常	跟踪观测	清理维修	定期或专项检查
左洞	ZK__+__ （部位）										
	……										
	……										
	……										
	……										
	……										
右洞	YK__+__ （部位）										
	……										
	……										
	……										
	……										
	……										
	……										

填表说明：

1. "桩号及部位"应如：ZK108+325，进洞左侧边沟或中心排水沟；YK34+023，进洞右侧边沟或中心排水沟等。

2. "异常情况"可填写代码，如 A、F 等；如为 D 或 I 时，应填写具体内容。

3. "与上次检查对比""判定"及"养护措施建议"均可采用"√"标记。

4. 填写内容较多时，可加行。

7. 吊顶及各种预埋件

未妨碍交通的一般异常	妨碍交通的严重异常
A. 存在缺损	E. 缺损严重
B. 渗漏水	F. 渗漏水严重
C. 少量挂冰	G. 大量结冰
D. 其他	H. 其他

洞别	桩号及部位	异常情况（代码或描述）	与上次检查对比			判定			养护措施建议		
			新增	无明显变化	明显变化	正常	一般异常	严重异常	跟踪观测	清理维修	定期或专项检查
左洞	ZK__+__ （部位）										
……											
……											
……											
……											
……											
……											
……											
……											
右洞	YK__+__ （部位）										
……											
……											
……											
……											
……											
……											
……											

填表说明：

1. "桩号及部位"应如：ZK108+325，送风道吊顶板；YK34+023，进风道吊杆等。

2. "异常情况"可填写代码，如 A、F 等；如为 D 或 H 时，应填写具体内容。

3. "与上次检查对比""判定"及"养护措施建议"均可采用"√"标记。

4. 填写内容较多时，可加行。

8. 内　　装

未妨碍交通的一般异常	妨碍交通的严重异常
A. 脏污 B. 变形 C. 缺损 D. 其他	E. 缺损严重 F. 大面积变形可能出现危害交通安全的脱落 G. 其他

洞别	桩号及部位	异常情况（代码或描述）	与上次检查对比			判定			养护措施建议		
			新增	无明显变化	明显变化	正常	一般异常	严重异常	跟踪观测	清理维修	定期或专项检查
左洞	ZK__+__ （部位）										
	……										
	……										
	……										
	……										
	……										
	……										
	……										
右洞	YK__+__ （部位）										
	……										
	……										
	……										
	……										
	……										
	……										
	……										

填表说明：

1."桩号及部位"应如：ZK108+325，进洞左侧；YK34+023，进洞右侧等。

2."异常情况"可填写代码，如 A、F 等；如为 D 或 G 时，应填写具体内容。

3."与上次检查对比""判定"及"养护措施建议"均可采用"√"标记。

4.填写内容较多时，可加行。

9. 交通标志、标线轮廓标

未妨碍交通的一般异常	妨碍交通的严重异常
A. 脏污 B. 少量缺损 C. 其他	D. 基本缺失或缺损严重 E. 其他

洞别	桩号及部位	异常情况（代码或描述）	与上次检查对比			判定			养护措施建议		
			新增	无明显变化	明显变化	正常	一般异常	严重异常	跟踪观测	清理维修	定期或专项检查
左洞	ZK__+__ （部位）										
	……										
	……										
	……										
	……										
	……										
	……										
	……										
右洞	YK__+__ （部位）										
	……										
	……										
	……										
	……										
	……										
	……										
	……										

填表说明：

1."桩号及部位"应如：ZK108+325，进洞左侧；YK34+023，进洞右侧等。

2."异常情况"可填写代码，如A、B等；如为C或E时，应填写具体内容。

3."与上次检查对比""判定"及"养护措施建议"均可采用"√"标记。

4.填写内容较多时，可加行。

附录五　隧道经常检查报告样式

隧道经常检查报告

目　录

1　工程概况

2　检查依据

3　检查目的和要求

4　检查内容和判定标准

5　检查方法及过程

6　检查结果

　6.1　洞口

　6.2　洞门

　6.3　衬砌

　6.4　路面

　6.5　检修道

　6.6　排水系统

　6.7　吊顶及各种预埋件

　6.8　内装饰

　6.9　标志、标线、轮廓标

7　隧道状况判定及对策

附　隧道经常检查记录簿（见附录四）

附录六 隧道土建结构技术状况评定标准

隧道洞口技术状况评定标准　　　　　　　　　　　　　　　　附表 6-1

状况值	技 术 状 况 描 述
0	完好，无破坏现象
1	山体及岩体、挡土墙、护坡等有轻微裂缝出现，排水设施存在轻微破坏
2	山体及岩体裂缝发育，存在滑坡、崩塌的初步迹象，坡面树木或电线杆轻微倾斜，挡土墙、护坡等产生开裂、变形，土石零星掉落，排水设施存在一定裂损、阻塞
3	山体及岩体严重开裂，坡面树木或电线杆明显倾斜，挡土墙、护坡等产生严重开裂、明显的永久变形，墙角或坡面有土石堆积，排水设施完全堵塞、破坏，排水功能失效
4	山体及岩体有明显的滑动、崩塌现象，挡土墙、护坡断裂、外倾失稳、部分倒塌，坡面树木或电线杆倾倒等

隧道洞门技术状况评定标准　　　　　　　　　　　　　　　　附表 6-2

状况值	技 术 状 况 描 述
0	完好，无破坏现象
1	墙身存在轻微的开裂、起层、剥落
2	墙身结构局部开裂、墙身轻微倾斜、沉陷或错台、壁面轻微渗水，尚未妨害交通
3	墙身结构严重开裂、错台；边墙出现起层、剥落、混凝土块可能掉落或已有掉落，钢筋外露，受到锈蚀，墙身有明显倾斜、沉陷或错台趋势，壁面严重渗水（挂冰），将会妨害交通
4	拱部及其附近部位拱部出现起层、涂层剥落、混凝土块可能掉落或已有掉落；墙身出现部分倾倒、垮塌，存在喷水或大面积挂冰等，已妨碍交通

衬砌破损技术状况评定标准　　　　　　　　　　　　　　　　附表 6-3

状况值	技 术 状 况 描 述	
	外荷载作用所致	材料劣化所致
0	结构无裂损、变形和背后空洞	材料无劣化
1	出现变形、位移、沉降和裂缝，但无发展或已停止发展	存在材料劣化，钢筋表面局部腐蚀，衬砌无起层、剥落，对断面强度几乎无影响

续上表

状况值	技术状况描述	
	外荷载作用所致	材料劣化所致
2	出现变形、位移、沉降和裂缝，发展缓慢，边墙衬砌背后存在空隙，有扩大的可能性	材料劣化明显，钢筋表面全部生锈、腐蚀，断面强度有所下降，结构物功能可能受到损害
3	出现变形、位移、沉降、裂缝密集，出现剪切性裂缝，发展速度较快；边墙处衬砌压裂，导致起层、剥落，边墙混凝土有可能掉下；拱部背面存在大的空洞，上部落石可能掉落至拱背；衬砌结构侵入内轮廓界限	材料劣化严重，钢筋断面因腐蚀而明显减小，断面强度有相当程度的下降，结构物功能受到损害；边墙混凝土起层、剥落、混凝土块可能掉落或已有掉落
4	出现变形、位移、沉降、裂缝密集，出现剪切性裂缝，并且发展快速；由于拱顶裂缝密集，衬砌开裂，导致起层、剥落，混凝土块可能掉下；衬砌拱部背面存在大的空洞，且衬砌有效厚度很薄，空腔上部可能掉落至拱背；衬砌结构侵入建筑界限	材料劣化非常严重，断面强度明显下降，结构物功能损害明显；由于拱部材料劣化，导致混凝土起层、剥落，混凝土块可能掉落或已有掉落

衬砌渗漏水技术状况评定标准　　　　　　　　　　　附表 6-4

状况值	技术状况描述
0	无渗漏水
1	衬砌表面存在浸渗，对行车无影响
2	衬砌拱部有滴漏，侧墙有小股涌流，路面有浸渗但无积水，拱部、边墙因渗水少量挂冰，边墙脚积冰；不久可能会影响行车安全
3	拱部有涌流，侧墙有喷射水流，路面积水，沙土流出、拱部衬砌因渗水形成较大挂冰、胀裂，或涌水积冰至路面边缘，影响行车安全
4	拱部有喷射水流，侧墙存在严重影响行车安全的涌水，地下水从检查井涌出，路面积水严重，伴有严重的沙土流出和衬砌挂冰，严重影响行车安全

隧道路面技术状况评定标准　　　　　　　　　　　附表 6-5

状况值	技术状况描述	
	定性描述	定量描述
0	路面完好	
1	路面有浸湿、轻微裂缝、落物等，引起使用者轻微不舒适感	—

续上表

状况值	技术状况描述	
	定性描述	定量描述
2	路面有局部的沉陷、隆起、坑洞、表面剥落、露骨、破损、裂缝、轻微积水，引起使用者明显的不舒适感，可能会影响行车安全	拱起高差≤1cm，面积＜10%；坑洞深度≤25mm，面积＞3%且≤10%；表面剥落、露骨、破损面积≤10%；沥青路面局部裂缝：缝宽≤3.cm，块度＞1.0m，纵横向裂缝：缝宽≤3.cm，长≤1.0m；混凝土路面裂缝：缝宽＜3.cm，且≤1cm，每块板被分成2～3块
3	路面出现较大面积的沉陷、隆起、坑洞、表面剥落、露骨、破损、裂缝、积水严重等，影响行车安全	拱起、沉陷高差≤25mm，面积＞10%且≤20%；坑洞深度≤25mm，面积＞3%且≤10%；表面剥落、露骨、破损面积＞10%且≤20%；沥青路面局部裂缝：缝宽＞3.cm，块度＞0.5m且＜1.0m，纵横向裂缝：缝宽＞3.cm，长＞1.0m且＜2.0m；混凝土路面裂缝：缝宽≥3.cm且≤1cm，每块板被分成3～4块
4	路面大面积的明显沉陷、隆起、坑洞、表面剥落、露骨、破损、裂缝、出现漫水、结冰或堆冰，严重影响交通安全，可能导致交通意外事故	沉陷或隆起高差＞25mm，面积＞20%；坑洞深度＞25mm，面积＞10%；表面剥落、露骨、破损面积＞20%；沥青路面局部裂缝：缝宽＞3.cm，块度≤0.5m，纵横向裂缝：缝宽＞3.cm，长＞2.0m；混凝土路面裂缝：缝宽＞1cm，每块板被分成4块以上

检修道技术状况评定标准 附表6-6

状况值	技术状况描述	
	定性描述	定量描述
0	护栏、路缘石及检修道面板均完好	—
1	护栏变形，路缘石或检修道面板少量缺角、缺损，金属有局部锈蚀，尚未影响其使用功能	护栏、面板、路缘石损坏长度≤10%，缺失长度≤3%
2	护栏变形损坏，螺栓松动、扭曲，金属表面锈蚀，部分路缘石或检修道面板缺损、开裂，部分功能丧失，可能会影响行人和交通安全	护栏、面板、路缘石损坏长度＞10%且≤20%，缺失长度＞3%且≤10%
3	护栏倒伏、严重损坏，侵入限界，路缘石或检修道面板缺损开裂或缺失严重，原有功能丧失，影响行人和交通安全	护栏、面板、路缘石缺失率＞20%，缺失长度＞10%

洞内排水设施技术状况评定标准　　　　　　　　附表 6-7

状况值	技术状况描述
0	设施完好，排水功能正常
1	结构有轻微破损，但排水功能正常
2	轻微淤积，结构有破损，暴雨季节出现溢水，可能会影响交通安全
3	严重淤积，结构较严重破损，溢水造成路面局部积水、结冰，影响行车安全
4	完全阻塞，结构严重破损，溢水造成路面积水漫流、大面积结冰，严重影响行车安全

吊顶及预埋件技术状况评定标准　　　　　　　　附表 6-8

状况值	技术状况描述
0	吊顶完好
1	存在轻微变形、破损、浸水，尚未妨碍交通
2	吊顶破损、开裂、滴水，吊杆等预埋件锈蚀，尚未影响交通安全
3	吊顶存在较严重的变形、破损、出现涌流、挂冰，吊杆等预埋件严重锈蚀，可能影响交通安全
4	吊顶严重破损、开裂甚至掉落，出现喷涌水、严重挂冰，吊杆等预埋件部分脱落，有掉落可能，严重影响行车安全

注：本分项含各种灯具、通风机等拱顶设备的悬吊结构评定。

内装饰技术状况评定标准　　　　　　　　附表 6-9

状况值	技术状况描述	
	定性描述	定量描述
0	内装饰完好	—
1	个别内装饰板或瓷砖变形、破损，不影响交通。	损坏率≤10%
2	部分内装饰板或瓷砖变形、破损、脱落，对交通安全有影响	损坏率>10%且≤20%
3	大面积内装饰板或瓷砖变形、破损、脱落，严重影响行车安全	损坏率>20%

交通标志标线技术状况评定标准　　　　　　　　附表 6-10

状况值	技术状况描述	
	定性描述	定量描述
0	完好	—
1	存在脏污、不完整，尚未妨碍交通	损坏率≤10%
2	存在脏污、部分脱落、缺失，可能会影响交通安全	损坏率>10%且≤20%
3	大部分存在脏污、脱落、缺失，影响行车安全	损坏率>20%

附录七 隧道衬砌病害展布图示例

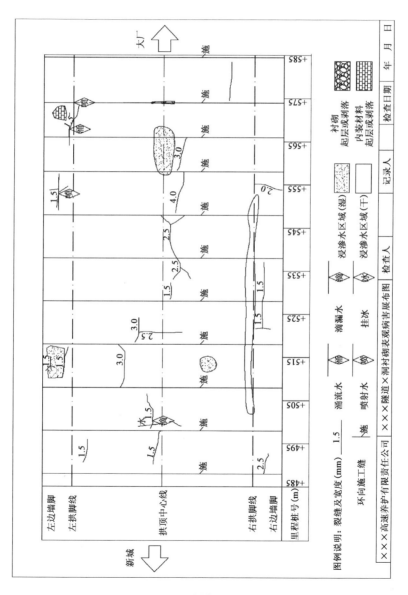

附录八　隧道定期检查报告样式

隧道定期检查报告

目　录

1　概况
　1.1　隧道概况
　1.2　检查目的
　1.3　检查标准及依据
　1.4　仪器设备及参加人员
　　1.4.1　主要仪器设备
　　1.4.2　参加人员
　1.5　检查内容、方法及检查组织情况
　　1.5.1　检查内容
　　1.5.2　检查方法
　　1.5.3　检查组织情况
2　隧道各分项技术状况评定
3　左洞（或上行线）
　3.1　洞口
　3.2　洞门
　3.3　衬砌
　3.4　路面
　3.5　检修道
　3.6　排水系统
　3.7　吊顶及各预埋件
　3.8　内装饰
　3.9　标志、标线、轮廓标
4　右洞（或下行线）（分项分述同左洞）
5　隧道技术状况评定
6　病害汇总及病害原因分析
　6.1　病害汇总
　　6.1.1　洞口
　　6.1.2　洞门
　　6.1.3　衬砌
　　6.1.4　路面
　　6.1.5　检修道
　　6.1.6　排水系统
　　6.1.7　吊顶及各预埋件
　　6.1.8　内装饰
　　6.1.9　标志、标线、轮廓标
　6.2　病害原因分析
7　结论与建议
　7.1　结论
　7.2　建议
8　附录
　8.1　人员资质证书

8.2 仪器标定证书
8.3 附图
　　8.3.1 隧道左洞隧道病害展布图
（或扫描图）（上行线）
8.3.2 隧道右洞隧道病害展布图
（或扫描图）（下行线）

附录九 技术档案清单

1. 基础档案

（1）隧道设计施工图及竣工图；

（2）隧道设计变更资料；

（3）隧道施工过程中的试验检测及相关科研资料；

（4）隧道施工监控量测资料；

（5）隧道交（竣）工验收资料；

（6）隧道机电设施说明书、使用手册和质保证书等资料。

对新建隧道，接养单位应参与交（竣）工验收。隧道建设单位应向接养单位移交隧道基础资料，并协同做好接养工作。

2. 管理资料

（1）隧道管理工作制度及组织架构情况；

（2）隧道养管单位、监管单位，及其分管领导、隧道养护工程师等的基本资料；

（3）隧道养护工程师业务考核情况和年度主要工作情况。

3. 检查资料

（1）隧道土建结构经常检查记录和定期检查、应急检查、专项检查报告，定期、应急或专项检查开展时间、实施机构和人员的资质证书（复印件）、资格证书（复印件）、业绩证明（复印件）等；

（2）隧道机电设施经常检修、定期检修、应急检修和专项工程记录或报告；

（3）隧道其他工程设施经常检查、定期检查记录或报告。

4. 养护维修资料

（1）隧道病害处治工程及隧道机电的大中修、改建工程的设计、施工、监理和监控（监测）等各方投标文件、技术或实施方案文件等；

（2）设计图纸、竣工图纸、施工资料、监理资料、监控（监测）资料、质量事故处理报告、交（竣）工验收等技术资料。

5. 应急处置资料

（1）隧道应急预案；

（2）隧道应急演练记录、总结、分析资料；

（3）隧道突发事件（如地质灾害、火灾）的损害调查报告、应急响应、处置措施及总结等资料；

（4）隧道内运营安全事故记录。

附录十　交通事故信息记录表

隧道左（右）洞交通事故统计总表　　　　　　　　　　附表10-1

统计日期：　　　年　　月　　日

年份	1月	2月	3月	4月	5月	6月	7月	8月	9月	10月	11月	12月	合计（起）
合计													

隧道左（右）洞交通事故（时间段）统计表　　　　　　附表10-2

统计日期：　　　年　　月　　日

年份	0时~2时	2时~4时	4时~6时	6时~8时	8时~10时	10时~12时	12时~14时	14时~16时	16时~18时	18时~20时	20时~22时	22时~24时	合计（起）
合计													

隧道左（右）洞交通事故（形态）统计　　　　　　　　附表10-3

统计日期：　　　年　　月　　日

年份	失火事故	交通事故			合计（起）
		尾随碰撞	车辆自身事故	小计	
合计					

隧道左（右）洞交通事故详情汇总表　　　　　　　　　附表10-4

年份	第次序	事故信息			
		月、日	具体时间（24时制）	事故原因	事故位置
				尾随碰撞：____ 变道擦刮：____ 撞人行道：____ 超限车擦刮隧道设备：____	撞紧急停车带：____ 车辆失火：____ 其他：____	洞别：____ 桩号：____ 距隧道进口距离____m 距隧道出口距离____m

附录十　交通事故信息记录表

续上表

年份	第次序	事故信息			
		月、日	具体时间（24时制）	事故原因	事故位置

主要肇事车辆信息				主要肇事人信息		
车牌属地	车型	车辆已运营年限	改装、超载情况	性别	出生年、月、日（公历）	居住地
	大车：____ 小车：____ 车辆厂家：____ 型号：____		改装：____ 超载：____		年____月____日	（　）省（　）市 （　）县（　）区

次要肇事车辆信息（如有）				次要肇事人信息（如有）		
车牌属地	车型	车辆已运营年限	改装、超载情况	性别	出生年、月、日（公历）	居住地
	大车：____ 小车：____ 车辆厂家：____ 型号：____		改装：____ 超载：____		年____月____日	（　）省（　）市 （　）县（　）区

发生事故时隧道基本情况						
隧道长度	隧道路面类型	路面状况	隧道纵坡方向	隧道照明情况	隧道平面线形	隧道日交通量
——m	水泥：____ 沥青：____	干燥、无水：____ 渗水、积水：____ 完好、平整：____ 破损、坑槽：____	上坡：____ 下坡：____	高压钠灯：____ LED灯：____ 其他：____ 开启状况：____ 全开：____ 半开：____ 其他：____	直线隧道：____ 曲线隧道：____ 事故发生在 直线段：____ 曲线段：____ 其他：____	单洞的当时交通量（换算成标准车）：____

其他信息		
事故中人身伤害数量	估计直接财产损失（万）	如还有其他，请补充
____死、____重伤、____轻伤	____万元	

注：1. 大车指大型客车、中型客车、重型货车、中型货车、半挂车、全挂车、牵引车。
　　2. 小车指小型客车、微型客车、轻型货车。

参 考 文 献

[1] 中华人民共和国行业标准.JTG H12—2015 公路隧道养护技术规范[S].北京：人民交通出版社股份有限公司，2015.

[2] 中华人民共和国行业标准.JTG D70—2004 公路隧道设计规范[S].北京：人民交通出版社，2004.

[3] 中华人民共和国行业标准.JTJ 026—90 公路隧道设计规范[S].北京：人民交通出版社，1990.

[4] 中华人民共和国行业标准.JTG B01—2003 公路工程技术标准[S].北京：人民交通出版社，2004.

[5] 中华人民共和国行业标准.JTG B01—2014 公路工程技术标准[S].北京：人民交通出版社股份有限公司，2014.

[6] 中华人民共和国行业标准.JTG H10—2009 公路养护技术规范[S].北京：人民交通出版社，2009.

[7] 中华人民共和国行业标准.JTG H30—2015 公路养护安全作业规程[S].北京：人民交通出版社股份有限公司，2015.

[8] 交通运输部工程质量监督局.公路隧道工程质量通病防治手册[M].北京：人民交通出版社股份有限公司，2014.